Dieu
en questions

Du même auteur

La maison des otages, Fayard, 1983.
Le sel de la terre, Fayard, 1969.
Voyage au pays de Jésus, Fayard, 1965.
Histoire paradoxale de la IVe République, Grasset, 1954.
Les greniers du Vatican, Fayard, 1960.
Votre humble serviteur, Vincent de Paul, Le Seuil, 1981.
Dieu existe, je L'ai rencontré, Fayard, 1969.
La France en général, Plon, 1975.
Il y a un autre monde, Fayard, 1976.
Les trente-six preuves de l'existence du diable, Albin Michel, 1978.
L'art de croire, Grasset, 1979.
La baleine et le ricin, Fayard, 1982.
« N'ayez pas peur ! » dialogue avec Jean-Paul II, Laffont, 1983.
L'Évangile selon Ravenne, Laffont, 1984.
Le chemin de la Croix, Desclée de Brouwer/Laffont, 1986.
« N'oubliez pas l'amour », La passion de Maximilien Kolbe, Laffont, 1987.
Le crime contre l'humanité, Laffont, 1987.
Le cavalier du quai Conti, Desclée de Brouwer, 1988.
Portrait de Jean-Paul II, Laffont, 1988.

André Frossard
de l'Académie Française

Dieu
en questions

DESCLÉE DE BROUWER
STOCK/LAURENCE PERNOUD

ISBN DDB : 2-220-03132-2
ISBN STOCK : 2-234-02211-8

Présentation

L'auteur a reçu, de la part d'élèves de terminale, garçons et filles, plus de deux mille questions (qui se répètent souvent) auxquelles il a donné des réponses tirées de son expérience de la foi.

Afin qu'on ne l'accuse pas d'être sourd à l'objection, il a tenu le plus grand compte des arguments explicites ou implicites de ses interlocuteurs.

En conséquence, toutes les réponses commencent, sauf la première et la troisième, par un exposé entre guillemets, bref, mais loyal, des objections qui découlent de la question elle-même.

Vient ensuite un « cependant », généralement pris dans l'Écriture, et qui semble contredire à son tour l'objection.

La réponse proprement dite vient en dernier lieu. Les trois parties de chaque petit chapitre sont nettement séparées, de manière à éviter toute confusion. Presque toutes les questions sont traitées de cette même façon, que le désir de se montrer aussi « ouvert » que possible a dictée à l'auteur.

Par ailleurs, on remarquera que celui-ci emploie mainte fois le mot de « charité » : il ne le préfère pas au mot « amour », mais il désigne plus expressément, à ses yeux, l'amour désintéressé, primordial et créateur, qui est cause et fin de toutes choses.

Enfin, on sera peut-être surpris que les élèves de terminale parlent si peu de politique. L'auteur l'a été lui-même.

« Pourquoi vivre? »

Terrible question, si l'on songe à votre âge, et que vous êtes si nombreux à poser. Je l'ai entendue pour la première fois à Mons en Belgique, à la sortie d'un théâtre où j'avais parlé deux heures. Trois jeunes gens me barraient le passage. L'un d'eux, sur ce ton comminatoire que la jeunesse prend parfois quand elle craint de n'être pas écoutée de l'âge mûr, me fit savoir au nom de ses camarades qu'ils n'avaient pas voulu intervenir pendant la réunion qui venait de s'achever, mais qu'ils avaient tous les trois à poser une question trop intime et trop grave pour être débattue en public, et c'est alors que vint cet effrayant : "Monsieur, pourquoi vivre?" qui m'arrivait dessus comme un ultimatum et ne m'accordait, pour répondre, ni délai, ni remise. Il ne s'agissait pas d'esquiver, d'invoquer la fatigue et l'heure tardive. En ce temps-là, une mode funèbre commençait à se répandre parmi la jeunesse : celle de se suicider par le feu, après s'être arrosé de pétrole, précisément à cause de cette question que la "mort de Dieu", l'incohérence du monde, le matérialisme obtus de la société, l'asphyxie, les idéologies et les délires inopérants des arts laissaient sans réponse. Des penseurs accrédités dans les cafés de Saint-Germain-des-Prés philosophaient sur l'absurde, dénonçaient l'inanité de l'espèce humaine, cette "passion inutile", et tandis qu'ils alignaient les verres et les arguments, des jeunes gens sincères, convaincus du néant de toutes choses, ratifiaient leur jugement avec une allumette. Il y avait un reste de fièvre dans le regard de mes interlocuteurs, et je croyais voir, dans leur prunelle, un long corridor d'ombre menant à une porte, qui ne pouvait donner que sur le vide. La main sur la poignée, ils attendaient une réponse, à peu près persuadés qu'il n'y en avait pas. A qui accordaient-ils une dernière chance ? A eux-mêmes, ou à moi ? A Dieu, peut-être.

Cependant...

Il fallait parler, et je m'aperçus tout d'abord que je ne m'étais jamais posé la question qui tourmentait si fort ces jeunes gens de Mons, comme elle vous poursuit vous-mêmes aujourd'hui jusque dans vos délassements. Dans ma prime jeunesse socialiste, les problèmes métaphysiques étaient renvoyés pour partie à la science, et pour partie aux nuages ; la science aurait bientôt résolu toutes les énigmes de l'univers, le reste n'était que rêveries blâmables, tout juste propres à nous détourner des urgences politiques. Après ma conversion, tout était radieusement simple : Dieu existait, joie immense, océan de lumière et de douceur, et l'idée ne me viendrait jamais plus de m'interroger sur ma chétive personne qui ne présentait d'intérêt que pour son infinie mansuétude. Je n'étais plus qu'émerveillement, action de grâces et reconnaissance éperdue envers tant de miséricordieuse beauté. Dieu était amour, et cet amour m'apprenait qu'il était cause et fin de tout ce qui est, qu'aucun être n'existait exclusivement pour soi, mais pour un autre, pour tous les autres, à commencer par l'être de Dieu lui-même, qui est effusion pure.

Privés de Dieu depuis longtemps, mes jeunes gens de Mons avaient oublié cela, ou ils ne l'avaient pas deviné, si on avait omis de le leur apprendre. Je leur dis, avec toutes les précautions d'usage lorsque l'on aperçoit un garçon debout sur le rebord d'une fenêtre, et que l'on cherche à le dissuader de sauter, que le regard trop insistant que l'on porte sur soi-même ne rencontre finalement que le gouffre de néant dont quelque mystérieuse bonté nous a tirés ; qu'autour de nous toutes les choses, de la plus petite à la plus grande, de la plus infime parcelle de matière à la gravitation des étoiles, s'attiraient et s'unissaient pour composer des harmonies complémentaires de plus en plus vastes ; que cette loi fondamentale, lisible jusque dans l'instinct d'association des plus impalpables poussières d'atomes, régissait tout l'univers, y compris leur propre personne prédestinée à aimer, et que nul ne pouvait s'y soustraire, sauf à glisser inexorablement vers le vide ; que cette loi resterait évidente, quand bien même on ne croirait pas en Dieu. Je peux ajouter aujourd'hui, devant la liste de vos questions, que celle-là est typiquement masculine : aucune jeune fille ne la pose. Par nature mieux disposées que nous à l'amour, les femmes savent sans même avoir besoin d'y réfléchir qu'elles ne sont pas faites pour elles-mêmes ; si la question leur venait tout de même à l'esprit, elles la formuleraient tout autrement et ne demanderaient pas « Pourquoi vivre ? », mais « Pour *qui* vivre ? ». Nous devrions bien prendre exemple sur elles.

Je ne sais si j'ai convaincu les jeunes gens de Mons. En tout cas les journaux, et c'est bien le plus important, ne m'ont jamais donné de leurs nouvelles.

« Qu'est-ce que la foi ? »

« On en a donné tant de définitions que mieux vaudrait, une fois pour toutes, la dire indéfinissable.

Pour les uns, c'est un acquiescement à la parole de Dieu, mais encore faut-il que Dieu existe, et qu'il parle, ce qui présuppose ce que l'on veut démontrer.

Pour d'autres, c'est une grâce, de sorte qu'il est inutile de la chercher quand on ne l'a pas.

La plupart des penseurs modernes voient dans la foi le fait d'une intelligence qui prend acte de ses limites, et s'en remet pour le reste à une mystérieuse puissance supérieure qui régirait le monde et même sa propre existence. On trouve une trace de ce genre d'abdication intellectuelle dans l'expression populaire : "Pour croire cela, il faut vraiment avoir la foi", ce qui revient à dire qu'il faut parfois, pour croire, faire taire sa raison.

Pour d'autres encore, la foi établit une relation entre Dieu et l'être humain, le plus souvent par l'entremise de l'Écriture ou d'une Église ; mais une relation ou un dialogue exige l'existence de deux interlocuteurs, et l'on retombe dans notre première objection.

Pour Bernanos, la foi n'était pas autre chose que "vingt-quatre heures de doute, moins une minute d'espérance". Selon cette belle formule, la foi serait un doute surmonté de loin en loin par un sentiment irrationnel. On ne peut donc ni la définir, ni l'expliquer. »

Cependant, Dieu est amour, et c'est par conséquent dans l'amour que l'explication de la foi est à chercher.

La foi ne consiste pas simplement à croire que Dieu existe. Les contemporains du Christ avaient peu de doute à cet égard, et l'on voit bien qu'il leur demande davantage. Il leur reproche souvent leur manque de foi, ce qu'il n'aurait pas eu lieu de faire, surtout parmi des Juifs, s'il ne s'était agi que de reconnaître l'existence de Dieu, et encore moins si la foi était un don accordé aux uns et refusé aux autres. Il déplore que la foi soit si rare, ou si faible, et quand elle paraît, il s'en émerveille comme d'une chose extraordinaire, même pour lui. Ainsi, lorsque le centurion qui lui a demandé de sauver son domestique lui dit, déclinant l'honneur de le recevoir sous son toit : « Seigneur, je ne suis pas digne que tu entres dans ma maison, mais dis seulement une parole et mon serviteur sera guéri », Jésus s'écrie : « Jamais je n'ai vu une telle foi en Israël ! »

Un autre épisode incite à retourner le problème, et à se demander ce que la foi représente, non pas pour l'homme, mais pour Dieu lui-même. Le jour des Rameaux, alors que sa passion est proche, le Christ descend du mont des Oliviers vers Jérusalem sur un tapis de palmes et de manteaux déployés. Il sait qu'il va mourir, et de quelle façon. Il sait aussi qu'il aura un second avènement, et que son règne n'aura pas de fin. Pourtant, la vague de joie qui l'accompagne ne soulève en lui que d'effrayantes prophéties sur la ruine de Jérusalem, et cette pensée qu'il semble exprimer pour lui-même à haute voix : « Quand le Fils de l'homme reviendra, trouvera-t-il encore la foi sur la terre ? » Cette parole songeuse et comme teintée d'anxiété, on ne peut plus révélatrice, est à rapprocher de la dernière question de l'Évangile à l'apôtre : « Pierre, m'aimes-tu ? » Pour le Christ, donc pour Dieu, rien d'autre ne compte, et à cette suprême question, la foi est la réponse. C'est elle que le Christ est venu chercher, susciter et recueillir parmi nous, et qu'il craint de ne plus entendre lorsqu'il reviendra. La foi est un phénomène d'aimantation réciproque entre Dieu, dont l'effacement attire notre être au-delà de lui-même, et cette généreuse disposition du cœur humain à croire à l'amour en dépit de toutes les apparences contraires, disposition qui exerce sur la divine charité une attraction irrésistible.

« Qui es-tu, André? »

De toutes les questions que j'ai reçues, et qui se répètent souvent, voilà peut-être la plus difficile. Je vais essayer d'y répondre, encouragé par ce tutoiement qui me fait oublier la génération à laquelle j'appartiens et me rajeunit agréablement.

Comme je l'ai déjà raconté ailleurs, je suis le fils d'un homme politique de la IIIe République, instituteur révoqué pour menées révolutionnaires et qui fut à trente ans, en 1920, le premier secrétaire général du parti communiste français. A treize ans, garçon précoce, il écrivait déjà dans un journal de Belfort, son pays natal, où l'on n'avait pas encore vu d'éditorialiste en culottes courtes. Sorti de l'école normale d'instituteurs à l'âge où les autres s'efforçaient d'y entrer, il partageait également son temps entre la classe et la lutte de classes, entraîné lui-même par une éloquence naturelle, précise, puissante, à laquelle sa voix grave donnait des sonorités d'enclume ou de puits. Il avait épousé une jeune franc-comtoise du pays de Montbéliard, blonde et belle, qui aimait la musique et le socialisme, en tout cas un socialiste, et dont les parents cultivaient avec un acharnement méritoire un lopin de cinq hectares infructueux.

Du côté paternel on était juif par ma grand-mère, robuste femme tirée de l'Ancien Testament tout étincelante de répliques et d'injonctions interdisant le débat. On ne relevait plus trace du catholicisme qui avait été à l'origine, paraît-il, celui de mon grand-père radical-socialiste, sellier-bourrelier de son état, et que je n'ai pas connu. On l'appelait, je crois, le « cuirassier » à cause de l'armure qu'il avait portée dans une de ces batailles que les Français perdent quand ils devraient les gagner, ou gagnent quand ils feraient mieux de les perdre.

Côté maternel, on était luthérien au milieu des piétistes, secte redoutable qui maniait alternativement, à peu près de la même façon, la Bible et le fléau. Comme vous le voyez, je suis le résultat d'un affectueux télescopage de religions qui me dispose tout naturellement à l'œcuménisme ; pour répondre aux problèmes que pose celui-ci, je n'ai qu'à me réunir moi-même en assemblée générale.

Il n'y avait pas d'église paroissiale dans le village de mon père, mais une grande synagogue de grès rose aujourd'hui déserte, la communauté juive ayant été déportée et exterminée à Auschwitz où j'aurai perdu, entre autres, une amie d'enfance, qui aurait pu s'échapper et ne l'a pas voulu : elle tenait à accompagner son père, un peu sourd, et dont elle craignait qu'il ne comprît pas les ordres à temps pour éviter les coups. Elle devait avoir votre âge, et je vénère son souvenir. J'ai, par elle, une idée de la suprême beauté de ces héroïnes que l'Église appelle saintes et martyres.

Je suis né dans une grosse maison carrée du village de ma mère, au bord d'un ruisseau à truites où se lavaient le linge et l'habitant. C'était pendant la Première Guerre mondiale, et mon premier souvenir d'enfance est celui d'une cave de Belfort où nous avons été blessés, ma mère et moi, par l'explosion d'une bombe dont un avion allemand en excursion loin des lignes de front s'était délesté au-dessus de la ville. Ainsi ai-je pris conscience, à deux ans, de l'existence du monde extérieur, et l'image de ce local sombre soudain traversé par une lueur jaune ne s'est jamais effacée de ma mémoire.

Dieu n'existait pas. Nous l'avions remplacé par une religion du salut de l'homme par l'homme lui-même, fondée sur la vision marxiste de l'histoire. J'ai été élevé encastré dans Karl Marx : le divan sur lequel je couchais dans le petit bureau de mon père était encadré par les œuvres complètes du prophète, dont un portrait ornait le mur d'en face. Le soir, avant de m'endormir, je tirais au hasard un des tomes du *Capital* rangés au-dessus de ma tête et j'en lisais quelques pages, sautant la théorie, trop ardue, et cherchant la polémique où l'auteur maniait avec dextérité une ironie dévastatrice qui me rappelait ma grand-mère paternelle. Puis j'abandonnai Karl Marx pour l'*Iliade*, qui se trouvait sur un rayon plus bas, et qui me tint compagnie pendant trois ans : je ne me lasse pas de ce que j'aime, et je peux écouter le même disque des années durant — avec des interruptions toutefois.

Vinrent ensuite Voltaire et Rousseau, qui ne se supportaient guère que chez moi. Rousseau jugeait Voltaire inapte aux grandes pensées, et pour Voltaire, Jean-Jacques était à la philosophie ce que le douanier Rousseau serait un jour à la peinture. A quinze ans, je ne m'intéressais qu'à l'architecture grecque en général, et à l'architecture féminine en particulier. Je les ai beaucoup étudiées l'une et l'autre, avec une égale admiration. Je dessinais inlassablement le même angle droit du Parthénon, cherchant à surprendre le secret de cette perfection auprès de laquelle tout le reste est barbare, et je retrouvais le même mystère de la proportion chez les jeunes filles, qui avaient, en plus, la supériorité du mouvement. Pour le reste, j'étais un garçon absent et positivement introuvable. Récemment, j'ai eu l'honneur de présider pendant trois heures le dîner des anciens élèves de mon lycée : je n'étais jamais resté si longtemps dans l'établissement. Mon instabilité scolaire irritait au plus haut point mon père, qui rêvait de me voir entrer à l'École normale de la rue d'Ulm, et qui haussait les épaules quand ma mère, qui avait pour moi toutes les indulgences, s'efforçait d'attirer son attention sur toutes les qualités que je n'avais pas.

Tel fut l'enfant que j'ai été jusqu'à l'âge de vingt ans, plutôt vide, assez généralement indifférent, mis à part les canelures doriques et la condensation de lumière dont les jeunes personnes me semblaient faites. C'est alors que s'est produit l'événement fulgurant qui va me permettre, je l'espère du moins, de répondre plus précisément dans le chapitre suivant à la question : « Qui es-tu ? », que vous êtes plusieurs à me poser, et que vous faites suivre d'une autre : « Comment t'es-tu converti ? » formulée autrement par quelques-uns de vos camarades de classe.

« Peut-on se convertir en deux minutes ? »

« Cela semble bien improbable. On ne passe pas de l'incroyance à la foi sans réflexion ni débat. Une conversion est le résultat d'une évolution intérieure plus ou moins lente, dont les étapes ne sont souvent repérables qu'après coup, et où l'inconscient lui-même joue son rôle muet, mais actif. Un tribunal ne conclut pas avant d'avoir délibéré, et la conscience est ce tribunal, qui ne saurait se prononcer qu'en connaissance de cause. En outre, l'exercice de libre-arbitre suppose un choix, et l'on ne peut choisir entre deux pensées contradictoires qu'après les avoir examinées longuement l'une et l'autre. Les exemples de conversion instantanées sont rares, et prêtent tous à discussion. Nous en prendrons deux, la conversion de saint Paul et celle de Paul Claudel.

Il est vrai que saint Paul, juif de grande culture de l'école de Gamaliel, s'est converti sur la route de Damas où il entendait dissoudre et annihiler la communauté chrétienne. Il a raconté lui-même comment, à l'heure de midi, il s'est trouvé soudain environné d'une lumière aveuglante, au sens propre, tandis qu'une voix lui demandait : "Saül, Saül, pourquoi me persécutes-tu ?" A la question "Qui es-tu, Seigneur ?", la voix répondit : "Je suis Jésus que tu persécutes." Saint Paul devint aussitôt chrétien, et le persécuteur qu'il était un instant auparavant commença une carrière de persécuté qui devait le conduire à Rome, et au martyre.

C'est la conversion la plus célèbre de l'histoire, au point que l'expression "trouver son chemin de Damas" est passée en proverbe. On notera toutefois qu'il était midi, que le soleil était au zénith, et qu'en pareil cas rien n'est plus commun qu'un éblouissement, surtout dans un désert. De plus, on croit savoir que saint Paul souffrait épisodiquement d'une maladie nerveuse qui peut engendrer des phénomènes cérébraux en forme d'hallucination ou de halo, accompagnés ou non de sensations auditives. Enfin, le lent cheminement d'une troupe de Jérusalem à Damas favorise la méditation, et plutôt que de recourir à une intervention miraculeuse, il est raisonnable de supposer que saint Paul a pris peu à peu conscience de l'extraordinaire beauté du message chrétien pour aboutir, après quelques heures de réflexion intense, à ce que l'on appelle un "trait de lumière" quand on veut faire entendre qu'une certitude s'est imposée à vous avec force.

Quant à Paul Claudel, on remarquera qu'il était catholique de naissance, qu'il avait reçu une éducation chrétienne, et qu'il est assez naturel qu'il ait, son génie poétique aidant, retrouvé le sens de l'"éternelle enfance de Dieu" une nuit de Noël à Notre-Dame, parmi les cierges et les chants. Au surplus, Claudel a confessé qu'il avait résisté ensuite pendant quatre ans à la grâce, ce qui prouve bien que sa foi n'a pas été instantanée, mais mûrie, et acquise après un dur combat.

Du reste, les gens d'Église n'insistent plus guère sur le caractère miraculeux de la conversion de saint Paul, et s'ils citent encore volontiers celle de Paul Claudel, c'est parce qu'il est possible d'en donner une explication psychologique tout à fait vraisemblable. »

Cependant, entré athée dans une chapelle j'en suis ressorti chrétien quelques minutes plus tard, et j'ai assisté à ma propre conversion avec un étonnement qui dure encore.

Les conversions instantanées ne sont pas si rares, et le fait que leurs bénéficiaires ne les mettent qu'exceptionnellement par écrit, soit par discrétion, soit par timidité ou par crainte de se faire mal comprendre ne prouve nullement qu'elles soient impossibles. Une messe de minuit peut, certes, susciter une grande émotion chez un jeune « chrétien du berceau » comme Paul Claudel, même et peut-être surtout quand il s'est tenu longtemps éloigné de la religion, mais une émotion qui dure toute une vie et qui oriente toute une œuvre, voilà qui ne se voit pas souvent. La conversion de Paul Claudel a été, plus qu'une prise de conscience, une prise de contact avec une transcendance oubliée par son cœur et méconnue par son temps.

Attribuer la conversion de saint Paul aux effets combinés d'une insolation et des délires d'une sorte de cerveau halogène a le double inconvénient d'aller contre le récit de l'apôtre lui-même et de rendre incompréhensibles la rigueur de sa pensée, l'ampleur de son éloquence et la rectitude de sa vie : on n'a jamais entendu parler d'un coup de soleil qui vous apprend une religion nouvelle, et un halluciné reste sujet aux hallucinations, qui ne répètent pas le même discours pendant trente ans. A refuser de croire à ce que l'on tient pour impossible, on tombe dans l'invraisemblable.

Mon père aurait voulu me voir rue d'Ulm. J'y suis allé à vingt ans, mais je me suis trompé de trottoir, et au lieu d'entrer à l'École normale supérieure, je suis entré chez les religieuses de l'Adoration pour y chercher un camarade avec qui je devais dîner.

Ce que je vais vous raconter n'est pas l'histoire d'une découverte intellectuelle. C'est le récit d'une expérience de physique, presque d'une expérience de laboratoire.

Poussant le portail de fer du couvent, j'étais athée.

L'athéisme prend bien des formes. Il y a un athéisme philosophique, qui, incorporant Dieu à la nature, refuse de lui accorder une personnalité séparée et résout toutes choses dans l'intelligence humaine ; rien n'est Dieu, tout est divin ; cet athéisme-là finit en panthéisme sous la forme d'une idéologie quelconque. L'athéisme scientifique écarte l'hypothèse de

Dieu comme impropre à la recherche, et s'emploie à expliquer le monde par les seules propriétés de la matière, dont on ne se demandera pas d'où elle vient. Plus radical encore, l'athéisme marxiste non seulement nie Dieu, mais lui signifierait son congé s'il venait à exister ; sa présence importune entraverait le libre jeu de la volonté humaine. Il existe également un athéisme des plus répandus et que je connais bien, l'athéisme idiot ; c'était le mien. L'athée idiot ne se pose pas de questions. Il trouve naturel d'être posé sur une boule de feu recouverte d'une mince enveloppe de boue séchée, tournant sur elle-même à une vitesse supersonique et autour d'une espèce de bombe à hydrogène entraînée dans la giration de milliards de lampions d'origine énigmatique et de destination inconnue.

J'étais encore cet athée-là en passant la porte de la chapelle, et je l'étais toujours à l'intérieur. L'assistance à contre-jour ne me proposait que des ombres, parmi lesquelles je ne pouvais distinguer mon ami, et une espèce de soleil rayonnait au fond de l'édifice : je ne savais pas qu'il s'agissait du saint-sacrement.

Je n'avais ni chagrin d'amour, ni inquiétude, ni curiosité. La religion était une vieille chimère, les chrétiens une espèce attardée sur le chemin de l'évolution : l'histoire s'était prononcée pour nous, la gauche, et le problème de Dieu était résolu par la négative depuis deux ou trois siècles au moins. Dans mon milieu, la religion semblait si dépassée que l'on n'était même plus anticlérical, si ce n'est les jours d'élections.

C'est alors que l'inattendu est arrivé. Par la suite, on a voulu à tout prix me faire reconnaître que la foi me travaillait en sous-œuvre, que j'y étais préparé à mon insu, que ma conversion n'a été qu'une prise de conscience brusquée d'un état d'esprit qui me disposait depuis longtemps à croire.

Erreur. Si j'étais disposé à quelque chose, c'était à l'ironie à l'égard de la religion, et si mon état d'esprit pouvait être résumé en un mot, ce mot serait celui d'indifférence.

Je le vois encore aujourd'hui, ce garçon de vingt ans que j'étais alors, je n'ai pas oublié la stupeur qui fut la sienne lorsque se leva tout à coup devant lui, du fond de cette médiocre chapelle, un monde, un autre monde d'un éclat insoutenable, d'une densité folle, et dont la lumière révélait et masquait en même temps la présence de Dieu, de ce même Dieu dont il eût, un instant auparavant, juré qu'il n'avait jamais existé que dans l'imagination des hommes ; en même temps lui arrivait dessus une onde, une vague déferlante de douceur et de joie mêlées, d'une puissance à briser le cœur et dont il n'a jamais perdu le souvenir, même dans les pires moments d'une vie plus d'une fois traversée par l'horreur et par le malheur ; il n'a pas d'autre tâche, depuis, que de rendre témoignage à cette douceur et à cette déchirante pureté de Dieu qui lui a montré par contraste, ce jour-là, de quelle boue il était fait.

Vous me demandez qui je suis ? Je peux vous répondre : je suis un assez trouble composé de néant, de ténèbres et de péché ; il y aurait une forme insinuante de vanité et s'attribuer plus de ténèbres qu'on n'en peut contenir, et plus de péchés qu'on n'en pourrait commettre ; en revanche, ma part de néant est indiscutable, je sais qu'elle est ma seule richesse, et comme un vide inépuisable offert à l'infinie générosité de Dieu.

Cette lumière, que je n'ai pas vue avec les yeux du corps, n'était pas celle qui nous éclaire, ou qui nous bronze ; c'était une lumière spirituelle, c'est-à-dire, une lumière enseignante et comme l'incandescence de la vérité. Elle a définitivement inversé l'ordre ordinaire des choses. Depuis que je l'ai entrevue, je pourrais presque dire que pour moi Dieu seul existe, et que le reste n'est qu'hypothèse.

On m'a dit souvent : « Et votre libre-arbitre ? On fait décidément de vous tout ce que l'on veut. Votre père est socialiste, vous êtes socialiste. Vous entrez dans une chapelle, vous voilà chrétien. Si vous étiez entré dans une pagode, vous seriez bouddhiste ; dans une mosquée, vous seriez musulman. » A quoi je me permets parfois de répondre qu'il m'arrive de sortir d'une gare sans être un train.

Quant à mon libre-arbitre, je n'en ai vraiment disposé qu'après ma conversion, lorsque j'ai compris que Dieu seul pouvait nous sauver de toutes les dépendances auxquelles, sans lui, nous serions inexorablement enchaînés.

J'insiste. Ce fut une expérience objective, quasiment de l'ordre de la physique, et je n'ai rien de plus précieux à vous transmettre que ceci : au-delà, ou plus exactement à travers le monde qui nous environne et nous intègre, il est une autre réalité, infiniment plus concrète que celle à laquelle nous faisons généralement crédit, et qui est l'ultime réalité, devant laquelle il n'y a plus de questions.

« Le christianisme a échoué »

« N'est-ce pas un fait ? L'Évangile n'est pas connu partout, et il n'est appliqué nulle part. Aucun peuple ne s'est donné une constitution s'inspirant de l'Évangile, et si les dirigeants de quelques pays riches invoquent volontiers Dieu dans les cérémonies officielles, c'est moins par dévotion que par habitude, et comme pour attirer sur leur nation un supplément de prospérités. Les chrétiens eux-mêmes écoutent l'Évangile le dimanche, quand ils arrivent assez tôt à l'office, et ils l'oublient toute la semaine. Du reste leurs Églises leur fournissent obligeamment deux morales. L'une est censée régir leur vie privée, l'autre pose les principes de la vie en société, et elle en rabat beaucoup sur la précédente. Si par exemple les chrétiens reconnaissent qu'il leur est demandé, pour atteindre à la perfection, de "tendre la joue gauche quand on les a frappés sur la joue droite", aucune de leurs Églises n'a jamais invité l'État à faire de ce conseil quelque peu impératif une obligation légale, ce qui prouve bien que l'Évangile est socialement impraticable, et n'a pas d'efficacité temporelle. Inutile de rappeler les croisades, l'Inquisition, les guerres de religions, etc., où l'on ne relève, en vérité, aucune trace de christianisme. Autrement dit, c'est un échec sur tous les plans. »

Cependant, le Christ dit à ses apôtres : « L'Esprit convaincra le monde au sujet du péché. »

Cette prophétie s'est accomplie, avec une évidence qui passe curieusement inaperçue. Car si l'idéal chrétien est souvent considéré comme inaccessible, nul ne conteste sa beauté, et si ses exigences morales passent pour décourageantes, ou peu adaptées à l'état des esprits selon certains critiques, ces mêmes critiques n'hésitent guère à confesser un certain manque d'appétit pour la perfection, et s'ils allaient au bout de leur pensée, ils reprocheraient à Dieu de se faire une trop haute idée de sa créature. Le monde entier sait aujourd'hui qu'il y a un bien et un mal, que ce bien est lié à l'amour du prochain, du pauvre, de l'exilé, à la compassion pour les malades, les opprimés, au respect des personnes, à commencer par les plus humbles, toutes choses que le Lévitique a apprises aux juifs, l'Évangile au reste des hommes.

Il y a si peu de doute sur le « péché », c'est-à-dire sur le mal, que tous les systèmes totalitaires eux-mêmes, sauf un, ont toujours tenté de couvrir leurs infamies judiciaires d'un voile juridique emprunté au vestiaire du droit : Staline accusait ses victimes de toutes sortes de crimes pour lesquels ils eussent été condamnés ailleurs, s'ils les avaient commis ; son mensonge volait son vocabulaire à la justice. Le seul régime qui ait rompu ouvertement avec la morale judéo-chrétienne est le nazisme, paganisme intégral et cynique, adorateur de la force, champion d'une race supérieure imaginaire, et contre qui témoignera éternellement la fumée immobile d'Auschwitz.

Quant aux exemples que l'on donne des « échecs » du christianisme, ils tiennent, les uns à la faiblesse humaine, et il faudrait beaucoup d'orgueil pour la condamner, les autres, soit à une volonté de puissance déplacée dans l'ordre spirituel, soit à une erreur de l'Église, que d'aucuns l'incitent encore aujourd'hui à commettre : celle de participer au pouvoir temporel et d'essayer d'infléchir le cours du siècle, par d'autres moyens que ceux de la foi et de l'amour. Si la morale religieuse semble diverger, et n'être pas tout à fait la même pour les personnes et pour les sociétés, c'est parce que l'Église a été amenée durant certaines périodes de l'histoire, par exemple aux temps des invasions barbares, à prendre des responsabilités civiles qui ne lui reviennent pas normalement. Seule institution valide parmi les décombres de l'empire romain et dernier refuge des populations menacées, elle a dû édicter des règles de vie commune qui tenaient compte — charitablement — du fait que le grand nombre ne va pas d'un même élan vers la sainteté. Elle ne pouvait fonder ces règles sur l'Évangile pris dans ses exigences intégrales, car — et ceci répond à la dernière objection — l'Évangile ne se lit pas à la troisième personne du pluriel, mais à la deuxième du singulier : il établit un rapport personnel entre Dieu et chaque être humain, qui pour la divine charité a autant d'importance que tous les autres réunis. Il est impossible de tirer une constitution politique de l'Évangile pour la raison évidente que si n'importe lequel d'entre nous peut toujours tendre sa joue gauche quand on l'a frappé sur la droite, il est exclu que l'on puisse faire, de ce conseil, une loi, sauf à en rédiger immédiatement une autre pour préciser qui a le droit de vous souffleter. L'Évangile n'est pas une doctrine collectiviste. Dieu ne compte pas les êtres humains par masses, comme les idéologues ou les chefs de bataillon ; il ne les met pas en caques comme des harengs ; il ne sait compter que jusqu'à un.

« Les dogmes, à quoi bon ? »

« Les dogmes sont des contraintes imposées à l'intelligence par une autorité qui s'attribue la gestion des vérités de foi, et les définit à sa guise en des termes la plupart du temps incompréhensibles, ou dans un langage que l'on ne parle plus depuis des siècles. Ainsi, lorsque le "credo" nous invite à croire en Dieu, créateur du ciel et de la terre, et en Jésus-Christ, son fils unique, descendu du ciel pour notre salut, né du Saint-Esprit et de la Vierge Marie, etc., il est évident qu'il demande beaucoup trop à la raison moderne et qu'il y aurait lieu, pour le moins, de présenter les choses, dans un autre langage, d'une manière moins incompatible avec l'état de nos connaissances, voire avec le reste de la doctrine. Car le principe de Dieu créateur implique une subordination de fait de la créature, ce qui va contre la doctrine du libre-arbitre. En outre, le dogme exclut le débat et par conséquent le pluralisme des opinions, pourtant indispensable à une exploitation aussi élargie que possible des virtualités de la pensée religieuse. Enfin, il est patent que les dogmes sont à l'origine non seulement des guerres de religion, mais de toutes les autres guerres, qui deviennent inévitables quand un gouvernement ou un peuple fait passer son nationalisme ou son idéologie à l'état dogmatique. »

Cependant, on imagine mal une Église sans articles de foi.

Contrairement à ce que l'on prétend, les dogmes ne fixent pas à l'intelligence des limites qu'il lui serait interdit de franchir, ils l'attirent au-delà des frontières du visible ; ce ne sont pas des murs, ce sont des fenêtres dans notre prison. Mais si le dogme est une vérité, le dogmatisme est une erreur, car si les vérités de foi nous ouvrent à un ordre de réalités qui nous demeurerait inconnu si nous étions laissés à nos propres forces, le dogmatisme s'évertue à constituer ces vérités en système, autrement dit à les ramener à la mesure de notre faible entendement. Rien n'est plus contraire à la vie de l'esprit que le dogmatisme, et c'est lui qui porte la responsabilité des guerres de religion, encore que celles-ci aient souvent pris la foi pour prétexte alors qu'elles avaient la politique pour mobile, et cette infernale volonté de puissance qui est cause de la plupart des maux dont souffrent les sociétés humaines. Il est bien injuste d'incriminer les dogmes, quand ce sont les hommes qui sont coupables ; et s'il est vrai que certains fanatiques sont tout prêts à massacrer leurs voisins au nom du premier commandement, ce n'est qu'en oubliant le second, qui enjoint d'aimer son prochain comme soi-même, quelles que soient son origine et sa manière de concevoir la religion.

Les articles de la foi chrétienne, qui ne sont pas des aperçus philosophiques, ne sont pas plus sujets à la révision qu'à l'amendement, et l'on ne voit pas comment, avec l'aide de quel vocabulaire nouveau, on pourrait dire autrement que « Jésus-Christ est le Fils de Dieu ». Ce n'est pas le langage, c'est le contenu du « credo » qui demande un acte de foi, et l'« homme d'aujourd'hui » n'a pas plus de peine à le produire que l'homme d'avant-hier : dès les débuts du christianisme, l'idée d'un Dieu en trois personnes révulsait bien des esprits. Ceux que l'on appelait les « Ariens », du nom de leur maître Arius, niaient la divinité du Christ, et ils furent bien près, au IVe siècle, de s'établir en maîtres absolus dans l'Église. En face, d'autres niaient l'humanité de Jésus, qui n'avait que les apparences d'un mortel. Contre ces tentatives de simplification, l'Église a fini par faire triompher, non sans mal, l'idée de la filiation divine et de l'humanité du Christ, si difficile que cette conjonction fût à concevoir, et cette obstination qui pouvait passer pour absurde était en fait une preuve de sa prédestination, et que la vérité ne venait pas d'elle.

Les dogmes chrétiens, qui se ramènent tous à un seul, à savoir l'Incarnation de Jésus-Christ « Fils du Dieu vivant », ne sont nullement incompatibles avec la liberté. C'est l'inverse. C'est Dieu, et lui seul, qui peut nous sauver du déterminisme, et l'acte de foi est l'acte le plus libre qu'un être humain puisse accomplir, car rien ne l'y oblige.

Les vérités de foi ne sont pas des instructions édictées par une autorité supérieure, ce sont des messages de l'amour infini, qui contiennent toute espérance. Il y a bien des façons de les recevoir ou de les lire, et ils ont la propriété de faire de chacun de leurs destinataires conscients une personne distincte, unique et irremplaçable. La première chose à faire est de les accueillir comme autant de promesses, et la dernière, de les déchirer.

Enfin, un dogme est la présentation théologique d'un mystère, et le mystère est la nourriture naturelle de l'intelligence : la science elle-même va de mystère en mystère, cherchant la raison d'être des choses, qu'elle approche toujours, et ne rejoint jamais. C'est cette attraction qui fait du mystère, beaucoup plus qu'une énigme à déchiffrer, une source de vie spirituelle.

« L'homme n'a-t-il pas inventé des dieux pour se rassurer ? »

« On peut le penser. Aux prises avec les forces démesurées de la nature, l'homme des premiers temps de l'histoire a imaginé de leur assigner des divinités de tutelle que l'on pouvait espérer se concilier en leur immolant des animaux, et assez souvent des êtres humains. Cette sorte d'impôt sur le revenu de la création, versé aux puissances d'en-haut ou d'en-bas, était censé épargner aux pauvres mortels la contrainte par corps des fléaux naturels. Les idoles, pour le même prix, remplissaient un autre rôle extrêmement important : leur masse de pierre ou de bronze pesait sur le décor et assurait en principe la stabilité du monde en même temps que celle de la société. On peut donc affirmer que tous les dieux ont été inventés par la crainte, alors que la fable tenait encore lieu de connaissance aux esprits primitifs. »

Cependant, il faut distinguer entre les dieux et Dieu, qui ne montre aucun goût pour la viande de bouc et le sang de tourterelle, comme il lui arrive, dans l'Ancien Testament, de le rappeler à ses adorateurs, peut-être influencés par les coutumes environnantes.

On a résumé plus haut en quelques mots l'opinion des « philosophes des Lumières » qui, dans leur aversion pour la foi, se plaisaient à donner au sentiment religieux une origine aussi basse que possible. Ils se représentaient nos ancêtres comme des êtres perpétuellement apeurés, s'évertuant à conjurer les forces hostiles du ciel et de la terre par des pratiques irrationnelles, et ne retrouvant la paix intérieure qu'après avoir sacrifié à des créatures nées de leur imagination. On pourrait aussi bien prendre le parti contraire, et à considérer la figure hideuse de certaines idoles conçues ailleurs qu'en Grèce ou à Rome, soutenir que les dieux étaient faits pour faire peur, plutôt que pour rassurer, et pour contenir la violence des hommes plutôt que celle des éléments : il y avait donc en cela quelque chose de raisonnable dans les anciennes pratiques religieuses ; à condition, bien entendu, d'en exclure l'immolation de pauvres animaux inoffensifs, et ces effrayants sacrifices humains que le XXe siècle a répétés sans même s'en apercevoir dans les camps de concentration du totalitarisme.

« Pourquoi y a-t-il tant de religions ? »

« Pascal nous dit que les hommes mettent plus de temps à choisir leur cravate que leur femme, et leur femme que leur religion : ils vivent celle qui leur a été donnée par leur entourage, qui la tient lui-même de ses origines sociales et du passé culturel de son pays. Et c'est mieux ainsi, car les religions sont en effet si nombreuses sur la terre que s'il fallait les étudier toutes avant d'en adopter une, la vie n'y suffirait pas. Pour ne prendre que les trois religions issues de la Bible, le judaïsme, le christianisme et l'islam, leur histoire est si longue, leur vision de la réalité si différente et leurs spiritualités si riches que nul ne peut se targuer de les connaître assez toutes les trois pour pouvoir se prononcer entre elles en pleine connaissance de cause. S'il y a beaucoup de religions, il y a beaucoup de vérités entre lesquelles il est impossible de choisir. »

Cependant si Dieu est un, il ne peut y avoir qu'une vérité divine.

La vérité de Dieu ne se reflète pas de la même façon dans tous les esprits, de même que son génie créateur se manifeste de manière différente dans l'infinie variété des espèces. Elle n'en est pas moins toujours une et identique.

En réalité, les religions ne sont pas aussi nombreuses qu'on le prétend. Lorsqu'on les dépouille des ornements culturels dont elles sont revêtues, et des formes plus ou moins élaborées de superstition qui leur donnent l'apparence de la diversité, il n'en reste plus que deux : le monothéisme, et le panthéisme ; la religion qui reconnaît l'existence d'un Dieu personnel ; les religions explicites ou larvées qui nient ce Dieu, ou qui l'ignorent, et qui vont toutes, après les détours et arabesques d'une pensée parfois très subtile, vers un seul et même panthéisme où se rejoignent les paganismes d'intérêt local, certaines spiritualités suicidaires, si géniales soient-elles, et les philosophies dites modernes qui intègrent les attributs divins à la nature, voire tel athéisme scientiste qui les incorpore sans même s'en apercevoir à la matière première, dont nul ne sait de quoi elle est faite. On peut nier Dieu, mais il est impossible de s'en défaire.

Il est bien difficile d'échapper au monothéisme sans

tomber dans le panthéisme, son Grand Tout, son Énergie fondamentale, ou le n'importe quoi dans lequel la pensée s'évertue à dissoudre l'idée de Dieu pour la mêler au flux des choses.

Pour s'en tenir au monothéisme qui nous tient de plus près, et qui est celui de la Bible, il a donné lieu en effet à trois religions au lieu d'une, le judaïsme, le christianisme et l'islam. Mais ces trois branches du monothéisme divergent en quelque manière au ras du sol pour des raisons historiques, culturelles, climatiques et psychologiques qui les rendent comme étrangères entre elles, mais plus elles échappent à l'obsession du quotidien pour s'élever dans l'ordre de leur spiritualité propre, plus elles tiennent le même discours, qui est celui de la louange de Dieu. Au sommet du judaïsme, du christianisme et de l'islam, les mystiques parlent la même langue. C'est lorsqu'ils n'atteignent pas cette hauteur, ou qu'ils en descendent pour mieux succomber aux tentations du pouvoir, de l'esprit de conquête ou de quelque autre forme d'illusion, que les hommes s'affrontent et donnent l'impression de servir des religions incompatibles entre elles. La paix ne règne que sur les sommets.

« Qui est le Christ ? »

« De l'avis général, sinon unanime, le plus grand homme qui ait jamais existé ; grand par la puissance de sa pensée, violemment contraire à celle de son temps, et même à celle du nôtre, mais surtout grand par le cœur, comme le montre notamment l'immense générosité avec laquelle, supplicié sans motif, il pardonne à ceux qui l'ont mis en croix. Parmi les athées eux-mêmes, nombreux sont ceux qui témoignent envers lui d'une certaine tendresse, qui ne va certes pas jusqu'à l'adoration mais qui se plaît à voir en lui une victime des prêtres. A ces raisons de vénérer sa personne, le "credo" des premiers chrétiens — en tout cas ceux du IIIe ou du IVe siècle — ajoutait toute une série de mystères selon lesquels il était "le Fils unique de Dieu", "descendu du ciel pour nous les hommes et pour notre salut". Ce texte en quelque sorte statutaire de la foi chrétienne précisait que le Christ avait "pris chair de la Vierge Marie" et s'était "fait homme", qu'il avait "souffert sous Ponce-Pilate" (procurateur de la Judée sous le règne de Tibère), qu'après sa mort il était ressuscité le troisième jour ; "monté aux cieux", il était "assis à la droite de Dieu", d'où "il reviendrait juger les vivants et les morts". Ainsi parlait le "credo", que l'on chante toujours dans les églises un peu à la manière de la *Marseillaise* dans les cérémonies officielles où nul n'a la moindre envie d'en découdre avec "les féroces soldats qui mugissent dans nos campagnes".

Il faut dire que l'union d'une nature divine et d'une nature humaine dans un être dépourvu de signes distinctifs permettant d'identifier l'une et l'autre posait à l'intelligence un de ces problèmes dont on ne peut sortir que par la foi, exercice intrépide, mais peu rationnel, ou par le délire mystique.

Depuis quelque temps, il semble que les théologiens avertis se fassent de Jésus-Christ une idée beaucoup plus confortable, comme on peut le constater avec soulagement grâce aux lignes suivantes, extraites d'une sorte d'encyclopédie de la religion catholique : "Les théologiens aujourd'hui acceptent donc, à la lumière de l'Évangile, de reconnaître que Jésus était vraiment homme, ne savait pas tout sur tout et même que sa connaissance de Dieu était de l'ordre de la foi. Il ne voyait pas Dieu. Mais il croyait. Pourtant, ils affirment en même temps que Jésus avait une conscience diffuse, mais profonde de son lien très spécifique avec le Père. Cette conscience de l'ordre du sentiment d'appartenance a dû être présente tout au long de sa vie mais grandir en lui et s'expliciter petit à petit au fur et à mesure qu'il analysait sa propre vie et bientôt sa propre marche à la mort, à l'aide de l'Écriture et de la Tradition [...] Ainsi aujourd'hui les théologiens professent que Jésus a dû vivre une expérience humaine totalement originale marquée par un sentiment constant mais pas forcément explicite d'union à Dieu.''

Tel est le langage de la théologie raisonnable, enfin revenue des extravagances du ''credo'' pour nous donner l'image apaisante et bourgeoise d'un Jésus sur canapé psychanalytique, ne sachant pas très bien lui-même ce qu'il était, de sorte que nous serions bien empêchés de le savoir nous-mêmes, et prenant ''petit à petit'', sans nulle exagération déplaisante, conscience d'une certaine ''appartenance'' culminant toujours à petit pas dans un vague sentiment d'union à Dieu, ce qui peut arriver fort heureusement à n'importe qui. Il est certain qu'un tel Jésus, dégagé de ses superstructures métaphysiques, peut être accepté comme un bon compagnon de route sur tous les chemins de l'incertitude par les agnostiques les plus méfiants. La grande et salutaire découverte de l'apostolat moderne est qu'il est tout de même plus facile de croire, quand il n'y a rien à croire. »

Cependant, à Jésus qui demandait : « Et vous, qui dites-vous que je suis ? », l'apôtre Pierre répondit : « Tu es le Christ, le Fils du Dieu vivant. »

Après ma conversion, où le Christ n'était présent

que sous la forme énigmatique du saint-sacrement, on me fit savoir que l'on n'était chrétien que par le baptême, et qu'il y avait lieu de lire l'Évangile dont je ne savais que ce que l'on peut en lire chez les auteurs anticléricaux. Si l'existence de Dieu le Père était pour moi de l'ordre de la plus douce et de la plus brillante évidence, il n'en allait pas de même de la divinité du Christ, de qui j'ignorais presque tout. Je n'ai pas gardé un souvenir très précis de ma première lecture, mais je crois me rappeler que le puissant élan qui m'avait libéré de la pesanteur dans la chapelle de la rue d'Ulm me fit survoler les paysages de l'Évangile avec une joie qui s'ajoutait à ma joie. Plus tard, lorsque je fus ramené pour mon bien au sort commun des fidèles, quelques difficultés surgirent, mais je m'aperçus bientôt qu'elles venaient de ma seule médiocrité, et que ce livre ne souffre pas d'être lu d'un cœur avare : la foi qu'il inspire est la mesure terriblement exacte de notre générosité.

On entre dans l'Évangile par deux portes, celle de l'histoire (c'est-à-dire de la critique), et celle de la foi. Celui qui entre dans l'Évangile par la porte de la critique historique en ressortira avec un cadavre sur les bras, après avoir rencontré l'objection à chaque ligne, et le doute à chaque mot ; composé longtemps après coup à l'intention des simples, mêlé de mythologie et de ce « merveilleux » qui fait également horreur au théologien dans le vent et à l'expert-comptable, le texte lui paraîtra peu crédible au premier degré, discutable au second et il n'en tirera guère qu'une morale ardue et assez neuve, encore qu'on en trouve des anticipations chez les Esséniens, les Mésopotamiens, les Chinois, les Égyptiens ou les Grecs ; il aura parcouru la Galilée, la Samarie, la

Judée à la suite d'un exalté génial, certes, mais troublé, inquiet, ne connaissant Dieu que par la foi, s'interrogeant sans succès sur lui-même et qui, faute de pouvoir changer le monde, finit par choisir devant le Sanhédrin et devant Ponce-Pilate l'issue coûteuse de la provocation suicidaire. Cette vision de l'Évangile ne met pas seulement fin à nos perplexités, comme on le disait plus haut, elle met fin au christianisme ; le Christ, né dans l'histoire, meurt dans l'histoire, et tout est dit, le reste est spéculations vaines, approximations douteuses et recherche inutile, car on ne trouve rien quand on ne cherche finalement que soi-même.

Au contraire, celui qui entre par la porte de la foi sait, ou devine, qu'il n'y a pas de limite à la grandeur de Dieu, ce qui est bien la chose essentielle à garder à l'esprit quand on s'apprête à vivre durant quelques pages dans la familiarité du Christ. Il s'émerveillera que l'infiniment grand ait logé quelque temps avec nous dans l'infiniment petit, pour partager notre pain, et notre insignifiance. Plutôt — je dis bien « plutôt » — qu'un homme tourmenté en quête d'une éventuelle identité divine, fuyante et au bout du compte improbable, celui qui entre dans l'Évangile par la bonne porte verra tout à l'inverse dans le Christ un être éternel prenant peu à peu une connaissance expérimentale de la condition humaine, jusqu'à cette agonie sur la croix, et ce cri déchirant : « Mon Dieu, mon Dieu, pourquoi m'as-tu abandonné » qui marque, si j'ose dire, la fin de la leçon, le moment précis où l'incarnation, toute parcelle de lumière surnaturelle abolie, se parachève dans le dénuement. Et celui qui aura pressenti l'ampleur de ce don sentira monter en lui un sentiment inconnu, ce pur amour de l'amour qui est la définition même de l'Esprit Saint, et qui ne peut naître en nous que de la divinité du Christ, humblement enclose dans son humanité.

« Qu'est-ce que la vérité? »

« L'Évangile rapporte que le Christ comparaissant devant Ponce-Pilate lui dit : "Je suis venu rendre témoignage à la vérité", et qu'à ce moment, Pilate, comme s'interrogeant lui-même, murmure : "Qu'est-ce que la vérité?" avant de sortir du prétoire. C'est la dernière grande question du paganisme qui était bien fondé à la poser après avoir tant interrogé le ciel pendant des siècles, avec une admirable et vaine acuité d'esprit. Les penseurs grecs et quelques autres ont tout dit, mais ils n'ont pas tous dit la même chose, et comme leurs théories sont d'une logique irréprochable, nous pouvons considérer qu'elles sont toutes vraies — ce qui revient à dire qu'il n'y a pas une vérité, mais plusieurs, et même autant que d'intelligences en état de raisonner correctement. »

Cependant, le Christ nous dit : « Je suis la vérité. »

Pour nous, la vérité n'est ni une idée, ni un mystère, ni une philosophie, mais une personne, qui ne peut être évidemment que la personne de Jésus-Christ. Car s'il est vrai que les Grecs ont exploré la pensée humaine dans toutes les directions, que l'on retrouve Monod chez Démocrite, Darwin chez Héraclite, et en cherchant bien Hegel chez Platon, il est vrai aussi que depuis le début de l'histoire et jusqu'à ce jour, le Christ est seul à nous avoir dit quelque chose de la pensée divine. Il s'ensuit que la vérité, pour nous, n'est pas autre chose que le rayonnement de sa personne dans notre vie, dans le monde, et dans la pensée.

« A quoi reconnaît-on qu'une chose est vraie? »

« Nous n'avons aucun moyen de le savoir. Les anciens définissaient le vrai comme "l'adéquation — c'est-à-dire la conformité, ou si vous préférez la coïncidence — du réel et de l'intelligence". Mais Emmanuel Kant a démontré depuis longtemps que nous ne pouvions pas connaître "la chose en soi", mais seulement ce qu'elle est *pour nous*, si bien que l'accord du réel et de l'intelligence n'est rien de plus que l'accord de l'intelligence avec elle-même. La physique ultra-moderne a confirmé pleinement le diagnostic d'Emmanuel Kant en nous montrant que le réel est perpétuellement en fuite, qu'il y a toujours des particules au-delà des particules jusqu'à ce qu'il n'y ait plus rien qu'un mystérieux flux d'énergie. Il est donc impossible de parler d'"adéquation du réel et de l'intelligence", faute d'une réalité saisissable. Par conséquent, il n'y a pas de réponse à votre question. »

Cependant, Thomas d'Aquin nous dit : « Le beau est la splendeur du vrai. »

On reconnaît qu'une chose est vraie tout simplement à ceci qu'elle est belle. Prenez un ouvrage d'art moderne, l'arche d'un pont, la courbe d'un barrage : leur élégance est l'expression matérielle et visible d'un calcul exact. Le beau et le vrai sont toujours associés, et donnent ce que l'on appelle le style, qui s'est réfugié depuis un certain temps dans les mathématiques ou la physique. Contrôlée, hélas, à Hiroshima et à Nagasaki, donc vraie, l'équation d'Einstein est dans sa simplicité d'une beauté telle qu'on la lirait sans trop de surprise dans le récit de la Genèse (« Que l'Énergie soit égale à la masse par le carré de la vitesse de la lumière ! »).

Ainsi le style est lié au vrai, le talent à l'artifice, quand ce n'est pas au mensonge. Pascal a du style, parce que son esprit scientifique lui permet de serrer la vérité de plus près. La philosophie moderne n'est pas vraie, parce qu'elle n'est pas belle... et inversement. Lorsque vous lisez une phrase de Jean-Paul Sartre comme celle-ci : « Le néant est un trou d'être, une chute de l'en-soi vers le soi par quoi se constitue le pour-soi », il est exclu que vous trouviez la moindre parcelle de vérité dans cette indigeste terrine de mots.

Les objections tirées de Kant et de la physique ultra-moderne sont à rejeter. Kant est un penseur puissant, mais il se sert de l'intelligence contre elle-même et il en méconnaît l'aptitude essentielle : le pouvoir qui est le sien de s'effacer totalement devant ce qui est. La physique ultra-moderne ne nie pas le réel, et elle ne renonce nullement à le connaître.

On entend souvent, parmi les banalités de la conversation, ce lieu-commun de l'incrédulité générale : « C'est trop beau pour être vrai. » Erreur détestable. Si Dieu existe, et il existe, rien au contraire n'est assez beau pour être tout à fait vrai.

« Peut-on dire d'une chose qu'elle est belle ? »

« Comment le pourrait-on ? Le beau, disait judicieusement Aristote, est "ce qui plaît à l'œil". Il s'agit donc d'un simple rapport de convenance entre un objet quelconque et celui qui le regarde, et qui ne le verra pas de la même façon, ou si l'on préfère "d'un même œil" s'il est Européen, Esquimau ou Papou, s'il a été formé ou s'il est inculte, s'il a appris à marcher sur des tapis persans ou sur la terre battue d'une chaumière, s'il a, ou s'il n'a pas assez étudié pour pouvoir établir entre les œuvres qui s'offrent à sa vue de ces comparaisons qui sont à la base de tout jugement ; encore celui-ci restera-t-il subjectif. Tel Africain du sud-ouest s'extasiera devant la "Vénus hottentote", qui nous paraît difforme, et reculera horrifié devant la *Diane chasseresse*, le Chinois trouvera que le Parthénon manque de cornes, et le musulman que nos campaniles sont des minarets trop grossièrement taillés pour que l'on puisse écrire avec eux quelque chose dans le ciel. Ces évidences-là ne sont plus à démontrer. »

Cependant, « ces évidences-là » sont la ruine de la morale, de l'intelligence et du cœur, car ce que l'on vient de dire du beau, on pourrait aussi bien le dire du vrai et du bien, qui ne seraient qu'une affaire d'opinion ou d'appétit : une telle assertion ne peut que provoquer la rupture de toute communication entre les intelligences et de toute communion entre les cœurs.

Les exemples cités sont fautifs. C'est nous qui avons décoré du nom de « Vénus » la pauvre femme empaillée que l'un de nos musées propose à l'ébahissement des foules. Les Hottentots n'ont jamais eu de relations affichées avec les déesses grecques. Le Parthénon domine l'art, et les Grecs ne sont pas seuls à l'admirer. Rien ne prouve qu'un Chinois ne puisse l'apprécier tout autant qu'un descendant des Vikings ou des Gaulois, capable lui-même de trouver des beautés dans une pagode, dont les angles relevés évoquent l'armure frontale de quelque animal sacré, ou l'appel d'un index invitant le ciel à visiter l'édifice. D'ailleurs le Parthénon ne tire pas sa beauté de ses seules proportions : c'est une superbe « cage à divin », le plus bel effort de l'intelligence païenne pour enfermer la démesure menaçante des dieux dans les limites de la raison humaine. Tel est le principe implicite de son architecture, la cause première, immatérielle de l'admiration que d'instinct, chacun lui porte.

Bien entendu, le matérialiste persistera à soutenir que toutes ces beautés prétendues du temple, de la pagode, du lys ou de la rose ne sont que d'heureuses rencontres avec notre globe oculaire, que sa conformation dispose à élaborer des harmonies géométriques qui n'existent dans la réalité qu'à l'état virtuel. Le matérialiste pourrait s'étonner de ce pouvoir conféré à son regard, mais voilà ce qu'il ne fait pas, crainte d'avoir à remercier quelqu'un de ce don. Il ne rendra grâces qu'à lui-même, il dira avec Paul Valéry que le Parthénon « est d'abord un tas de pierres », ou que le lys est d'abord un végétal, auquel son œil attribuera des élégances que le voisin trouvera plutôt dans la tulipe ou le chiendent. Affaire de goût. Il ne se rendra pas compte que cette manière de penser a déjà causé d'effrayants ravages parmi nous. Car si les choses ne sont par elles-mêmes ni belles ni laides, ni bonnes ni mauvaises, si nous seuls en décidons, sans pouvoir décider pour un autre, bref s'il y a sur ce point autant d'avis que de juges, alors il n'y a plus pour les intelligences de références communes, et comme il faut bien vivre en société, c'est le pouvoir politique qui tranchera pour tout le monde, plus ou moins brutalement. On commence par ne pas écouter le discours de la rose, et l'on se voit contraint d'écouter celui du bâton.

Le chrétien ne se laisse pas capturer par cette logique. Il se souvient que le Christ, de qui nous vient toute vérité, a dit à ses disciples : « Soyez parfaits comme votre Père céleste est parfait. » Il y a donc, pour lui, une perfection suprême qui enveloppe nécessairement le beau, le bien, le vrai, faute de quoi cette perfection serait imparfaite. Il s'ensuit que toutes les choses créées, procédant de cette perfection absolue, en détiennent à quelque degré une parcelle ou un reflet qui nous permet de dire avec pleine assurance qu'elles sont belles, quand nous nous effaçons assez pour percevoir ce qu'elles disent de Dieu — car elles ne parlent, finalement, que de lui.

Il faut que Dieu existe pour que nous puissions dire qu'une rose est belle, même quand nous fermons les yeux. Car la beauté des choses tient au souvenir qu'elles conservent de lui, et elles sont laides dans la mesure où elles l'ont oublié.

Et cela est également vrai dans l'ordre de la morale.

« Peut-on être objectif ? »

« La question est posée de temps en temps aux candidats bacheliers, qui ont en général la prudence de répondre que si l'objectivité est souhaitable, elle est malheureusement impossible. Immergés dans un monde dont la nature profonde nous échappe, tributaires de nos sens, qui nous fournissent parfois des informations douteuses, comme Descartes l'avait déjà observé en citant l'exemple du bâton qui semble se briser lorsqu'on le plonge dans l'eau, ou celui des maisons parallèles qui paraissent se rejoindre à l'extrémité d'une rue ; prisonniers de la structure de notre cerveau et des catégories de notre intelligence ; formés ou déformés par le milieu, l'éducation, les influences diverses qui s'exercent le plus souvent à notre insu sur notre jugement, à quoi s'ajoute notre propension à peindre les choses aux couleurs qui nous conviennent et à ne voir en elles que ce qu'il nous plaît d'y voir, tout démontre que l'objectivité est un idéal inaccessible ou, plus prosaïquement, une illusion de plus.

Bref, il nous est aussi impossible d'avoir une vision objective du monde qu'à un poisson de sortir de l'eau pour prendre une vue générale de l'océan. »

Cependant, il y a des poissons volants. Plus sérieusement, c'est déjà se montrer remarquablement objectif que de reconnaître qu'on ne l'est pas.

Depuis que nous avons oublié ou renié notre origine nous commettons bien des erreurs sur l'intelligence, que nous soupçonnons tantôt de déformer ce qu'elle regarde, tantôt de nous donner à croire qu'elle connaît les choses alors, dit-on, qu'elle ne connaît finalement qu'elle-même, et dont le nom sert à désigner aussi bien le génie de Pascal que l'astuce du politicien de banlieue, l'ingéniosité du chercheur de laboratoire et l'esprit de repartie de la gamine mal élevée.

Or, l'intelligence, comme le reste, vient de l'amour, et l'on peut dire d'elle ce que saint Paul dit de la charité, à savoir qu'elle est patiente, qu'elle est attentive, qu'elle ne se complaît pas en elle-même, qu'elle est toute à tous, que sa gloire est à la mesure de son effacement. Née en nous d'un désir de la Parole, elle est faite pour dialoguer avec la lumière, et c'est ce dialogue qu'elle cherche à renouer quand elle interroge le ciel et la terre, les mystères de la vie, de l'espace et du temps. Elle a comme toute science l'objectivité pour principe, le détachement de soi pour règle, et l'on peut dire sans nul paradoxe qu'elle existe pleinement quand elle n'existe plus, qu'elle est un pur miroir de l'autre, car telle est sa façon d'aimer.

Elle n'ignore aucun des handicaps énumérés plus haut et qui peuvent entraver l'exercice de sa liberté, mais l'étonnante faculté d'émergence qui est la sienne lui permet de les reconnaître, et par conséquent de les surmonter. Elle sait que ses faibles sens puisent bien peu d'éléments dans l'immense mer d'énergie qui nous environne, mais elle sait aussi qu'ils suffisent largement à lui indiquer la voie qui mène à la lumière incréée, principe et fin de sa recherche, qui ne trouvera de repos qu'en Dieu, et non ailleurs. Elle sait également qu'elle est incarnée, qu'elle est liée à la poussière qui nous compose, qu'elle peut souffrir avec ce corps dont elle dépend, et passer par les ténèbres quand il passe par la croix. Raison de plus pour ne pas l'enténébrer soi-même en l'empêchant d'aller du côté où elle est attendue, pour l'incarcérer dans la morne cellule du subjectivisme et arracher du même coup l'étrange espérance d'éternité que porte en lui l'être éphémère que nous sommes.

Certes, l'objectivité est difficile, comme la contemplation est difficile, et le dépouillement, et l'humilité. Mais si quelqu'un vous dit qu'elle est impossible, soyez assuré que ce quelqu'un-là ne sera jamais capable que de tisser des réseaux de relations entre des objets pour lesquels il sera sans amour, comme l'araignée tend ses fils dans un angle de charpente, et laissez-le à ses mouches.

« La science et la foi sont-elles compatibles ? »

« L'histoire paraît démontrer qu'elles ne le sont pas. On connaît la célèbre repartie du savant marquis de Laplace, théoricien du déterminisme intégral : "Dieu ? C'est une hypothèse dont je n'ai pas besoin." Il en va de même pour l'ensemble des sciences, qui avancent sur des données sûres et reconnues, vérifiées par l'expérience et excluant toute intervention extérieure à la nature. Ce n'est pas le cas de la foi, qui utilise les données invérifiables de la Révélation, constitue en dogmes des mystères déconcertants pour la raison, et invite à croire en dépit de tout ce qui peut inciter à douter, comme le mal, la souffrance, la mort et ce que l'on pourrait appeler "l'évidente absence de Dieu''. En outre, l'histoire montre que les progrès de la connaissance restreignent inexorablement le domaine religieux, réduit aujourd'hui au territoire imprécis du sentiment et de la morale. Chaque fois que l'on découvre un secret de la vie, la religion perd un argument. On peut donc estimer que la science et la foi sont incompatibles. »

Cependant, les choses ont beaucoup changé depuis le début du siècle. Nombre de scientifiques n'hésitent pas aujourd'hui à se dire croyants, et la foi ne leur semble en rien contraire à l'exercice de leur vocation. Einstein lui-même se refusait à penser que « Dieu jouait aux dés avec l'univers », et on lui doit cette curieuse formule, moins connue que sa fameuse équation, moins rigoureusement construite aussi, mais révélatrice : « La religion sans la science serait aveugle, la science sans la religion serait boiteuse. » La science et la foi ne sont donc nullement incompatibles, et elles peuvent très bien coexister dans un même esprit.

Plutôt que « la science », mieux vaudrait dire désormais « les sciences », car elles ont pris chacune dans son ordre un développement qui les éloigne de plus en plus les unes des autres, comme les rayons d'une roue. Elles communiquent de moins en moins aisément entre elles, et nul ne paraît en mesure de les unifier dans une pensée globale. Oppenheimer, l'un des « inventeurs » de la bombe atomique comparait un jour l'immense édifice des connaissances modernes à une sorte de prison aux cloisons si épaisses que le dialogue était devenu impossible d'une cellule à l'autre. Il y a toutefois un point commun entre toutes les sciences : elles cherchent toutes la vérité, en remontant de cause en cause, sous le contrôle des mathématiques, jusqu'à l'origine des phénomènes qui se présentent à son examen. La première de leurs vertus est l'humilité, faute de quoi elles ne découvriraient jamais rien. La religion, elle, s'intéresse moins à l'origine des êtres qu'à leur destination, il lui importe moins de savoir comment l'homme est constitué, que de savoir quelle est sa vocation.

Après s'être demandé « Qui sommes-nous ? », question à laquelle Dieu seul pourrait répondre, Paul Gauguin ajoutait : « D'où venons-nous ? Où allons-nous ? » Les sciences, ou si l'on veut pour plus de commodité la science répondrait plutôt à la première interrogation, la religion à la deuxième. Mais ce sont les deux ailes d'une même connaissance, qui ne volerait pas très loin si elle se privait de l'une d'elles. Non seulement la science et la religion ne sont pas incompatibles en droit, mais elles devraient être étroitement associées dans l'intelligence humaine, afin de ne priver celle-ci d'aucune des deux questions fondamentales qui se posent à elle, ce « comment » qui laisse assez souvent la religion hésitante, et ce « pourquoi » que certains scientifiques persistent à éliminer de leur vocabulaire avant de passer le reste de leur vie à tenter d'y répondre.

Il est à remarquer, incidemment, que plus on avance dans l'investigation des choses, plus leur mystère grandit. Une femme qui tricote est toujours mystérieuse par la combinaison de présence et d'absence qui caractérise ce genre d'occupation. Mais quand on sait qu'il s'agit en réalité d'un conglomérat de particules élémentaires associées en atomes constitués en molécules en train de faire du tricot, le mystère prend des proportions cosmiques.

C'est lorsque les choses sont scientifiquement expliquées qu'elles ont le plus besoin d'une explication religieuse.

« La foi et le Big Bang »

« Comme le prouve le décalage vers le rouge du spectre des galaxies, l'univers est en expansion, un peu comme une gerbe de feu d'artifice. Pour que les galaxies soient en fuite, il faut qu'elles aient eu un point de départ. On suppose donc qu'au commencement, toute la masse de l'univers se trouvait condensée en un point imperceptible, beaucoup plus petit qu'une pointe d'épingle, où régnait une chaleur effrayante. A un moment donné, il y a dix ou quinze milliards d'années, s'est produit ce qui ne fut pas à proprement parler une explosion, mais plutôt une dilatation brusque, accompagnée d'une énorme libération d'énergie dans le vide. C'est cette énergie qui s'est changée en matière au cours de la dilatation du point physique initial, jusqu'à former par une série de métamorphoses (le mot est impropre, mais tout autre le serait aussi) l'univers en expansion continue dont l'immensité défie la portée de nos télescopes.

Cette théorie, tirée il y a une soixantaine d'années des observations de l'astronome belge Lemaître, et mise au net plus récemment par le physicien Gamow, qui l'a vulgarisée sous le nom expressif de ''Big Bang'' ou ''Grand Boum'' primordial, est adoptée aujourd'hui par la plupart des astrophysiciens. Comme elle assigne un commencement à l'univers, elle n'a rien de contraire à la doctrine judéo-chrétienne de la Création, et l'Église pourrait sans inconvénient s'appuyer sur elle pour donner, enfin, une base scientifique à sa prédication. »

Cependant, s'il est vrai que le récit de la création s'ouvre dans la Bible par l'évocation d'un « Tohu-bohu » évoquant vaguement l'informe « soupe de particules » (plus exactement : de « quarks »), qui aurait suivi le Big Bang, il est vrai aussi que l'Évangile nous dit : « Au commencement était le Verbe », ou la Parole, et non pas autre chose.

L'Église n'a aucun intérêt à s'attacher à un quelconque système scientifique. Elle s'est fiée longtemps au système de Ptolémée, qui plaçait la terre au centre du monde, puis Copernic et Galilée sont venus, qui ont lancé la terre dans le maëlstrom des étoiles, et elle a bien été obligée de faire le voyage avec eux, après une vaine tentative de résistance. Les théories scientifiques ont le grand avantage d'être sujettes à révision, et il est possible qu'à la théorie du Big Bang en succède une autre, qui au lieu de parler d'expansion montrera que les galaxies ne décrivent des courbes majestueuses que pour rejoindre un point d'attraction irrésistible et inconnu. Qui sait ? Les travaux des physiciens et des astrophysiciens sont du plus grand intérêt, mais il n'y a pas lieu d'ériger leurs hypothèses en doctrine, ce qu'ils ne font pas eux-mêmes, tant ils tiennent, et avec raison, à leur liberté d'examen.

Du reste, la théorie du Big Bang présente bien des obscurités. Lorsque l'on nous dit par exemple que la brutale dilatation du point physique originel libère une énorme quantité d'énergie dans le vide, il est évident que le problème passe du point physique (la « pointe d'épingle » où se trouve concentrée la masse de l'univers) au vide lui-même, vide absolu et primordial, aussi difficile à définir que n'importe quel mystère chrétien.

Et la théorie n'est pas si nouvelle. On trouve déjà la même intuition dans l'étonnant chef-d'œuvre d'Edgar Poe intitulé *Eurêka* publié en 1848. La théorie d'Edgar Poe est de pure logique, et l'état des connaissances de son temps ne permettait pas à l'auteur de l'appuyer sur l'analyse du spectre des galaxies ou sur le cycle des réactions thermonucléaires, mais le résultat est d'une analogie frappante : l'univers est en expansion, il est tout entier sorti d'un point. Il peut arriver que le génie, dépourvu des moyens d'investigation exceptionnels qui sont les nôtres aujourd'hui, obtienne les mêmes résultats.

Quant au parallèle entre la Genèse et le Big Bang, il est fautif au moins en ceci que la genèse nous parle du commencement du monde visible, et non des secrets de fabrication de la matière.

Et n'oublions pas que nous croyons, nous chrétiens, juifs ou musulmans, à l'antériorité de l'esprit sur toutes choses, visibles ou invisibles.

« Et si la science démontrait que Dieu n'existe pas ? »

« Vous exprimez là une crainte fort répandue chez les croyants depuis l'essor des sciences naturelles, qui contredisent la religion sur bien des points, en même temps qu'une espérance périodiquement ranimée par l'athéisme militant. C'est cette crainte qui a conduit l'Église a condamner Galilée, non pas au bûcher, certes, mais à l'"assignation à résidence", punition assez humoristique pour un homme qui tournait autour du soleil. Pour l'Église, la terre devait occuper le centre du monde, et prétendre le contraire était infliger à l'Écriture sainte un démenti proche du blasphème. Il lui fallut un bon siècle pour revenir de cette erreur, et comprendre que l'importance de la terre n'est pas une affaire de localisation dans l'espace. Au XIXe siècle, les croyants ont beaucoup souffert d'entendre Marcelin Berthelot déclarer que l'"univers désormais, ne présentait plus de mystère pour les savants". On peut raisonnablement penser que la science nous fera faire un jour prochain l'économie de l'"hypothèse de Dieu" formée dans les siècles d'ignorance. »

Cependant, il n'est de science que de l'observable et du mesurable, et Dieu n'est ni l'un ni l'autre.

Pour démontrer que Dieu n'existe pas, il faudrait que ce que vous appelez « la science » découvrît un élément premier qui fût sans cause, qui existât par lui-même, dont la présence expliquât tout le reste en abolissant toute question, et c'est justement cet élément-là que nous appelons Dieu.

« Est-ce répondre que dire "Dieu" ? »

« "Dieu" est un mot que les religions utilisent chaque fois qu'elles sont à court d'explications, comme les joueurs emploient leur "joker" pour compléter une tierce ou une séquence. Lorsque l'on nous demande par exemple "pourquoi existons-nous ?", répondre "parce que Dieu l'a voulu" ne fait que suspendre le problème sans le résoudre et mettre arbitrairement un terme au débat, un peu à la manière de ces enfants en récréation qui crient "pouce" lorsqu'ils sont serrés de trop près par leurs camarades de jeu. Grâce à ce mot magique, l'esprit religieux croit avoir réponse à tout, et finalement ne répond à rien. »

Cependant, Dieu dit : « Tu ne prononceras pas en vain le nom du Seigneur ton Dieu », ce qui signifie à la fois qu'il faut se garder des serments inconsidérés, et que le mot « Dieu » n'est pas vide de sens.

De toutes les idées fausses, la plus fausse est celle qui consiste à s'imaginer que l'esprit religieux répond « Dieu » pour échapper à la question « Pourquoi existons-nous », alors qu'il a été le premier et qu'il est toujours le seul à la poser. Elle manifeste l'éveil de cet esprit qui est en nous une pure et exclusive aptitude à l'absolu et à l'éternel, qui lui fera nier tout le reste jusqu'à ce qu'il ait enfin trouvé ou retrouvé son lieu naturel, Dieu même, en qui toute question se résout dans l'évidence, et toute inquiétude dans la joie. Notre esprit, notre pauvre esprit errant et fugace sait bien que le secret de la nature n'est pas dans la nature, mais dans cet être qui n'est pas la réponse, mais bel et bien la cause des questions qu'il se pose.

« Que peut-on dire de Dieu ? »

« Rien, ou peu de chose, paraît-il. La Bible ne cesse de répéter que ‘‘ses pensées sont au-delà de nos pensées’’, que ‘‘nul ne l'a jamais vu’’, ni ne saurait le voir, et s'il en est ainsi, comment parler de lui ? Les meilleurs esprits religieux d'aujourd'hui vous diront qu'il est ‘‘inconnaissable’’, qu'il est le ‘‘Tout Autre’’, avec des majuscules de courtoisie exprimant à la fois l'hommage, l'impuissance et le regret. Sa nature est si différente de la nôtre qu'elle défie notre entendement, et d'ailleurs les anciens Pères remarquaient déjà que nous ne disposions d'aucun mot qui fût digne de Le qualifier, que nous ne pouvions le dire ‘‘beau’’ ou ‘‘bon’’, tant sa beauté et sa bonté surpassent ce que ces vocables désignent dans le domaine de nos médiocres pensées. L'un d'eux est même allé jusqu'à soutenir, et l'Église ne lui a pas donné tort, qu'il était indifférent de Le dire beau ou laid, ces mots perdant toute signification devant Lui, faute de comparaison possible. Dans ces conditions, tout ce que l'on peut dire de Dieu est à la rigueur qu'il existe, du moins selon la foi. Le reste est imagination pure ou spéculations chimériques. »

Cependant, de même qu'un inconnu peut se nommer, l'inconnaissable peut se faire connaître, et c'est ce que nous appelons la Révélation.

Lorsque l'on soutient que Dieu est inconnaissable on dit vrai, si l'on entend par là que nous ne saurions l'inscrire dans les limites de notre compréhension, qu'il excède de toutes parts. Malheureusement, ce n'est pas ainsi que le mot « inconnaissable » est généralement compris. Pour la plupart d'entre nous, il signifie que nous ne pouvons rien savoir de Dieu, et les cœurs simples, qui sont les meilleurs, en déduiront qu'il est bien inutile de s'intéresser à la religion puisqu'elle est la première à reconnaître qu'elle ne sait pas de qui elle parle.

Quant à l'observation des Pères de l'Église sur notre impuissance à dire de Dieu quoi que ce soit d'adéquat, si bien qu'il serait impropre et par conséquent indifférent de dire quoi que ce soit de lui, elle fait depuis toujours les délices des philosophes religieux, mais elle a l'inconvénient de rendre la prière bien difficile. Vous imaginez-vous dans une église pour dire à Dieu :

« Ô vous qui n'êtes ni beau ni laid, ni bon ni mauvais, qui êtes inconnaissable et Tout Autre, ayez pitié de moi, que vous avez fait à votre image, et qui pour cette raison dois vous être inconnaissable aussi » ?

Je crois qu'en vérité le mot de « beauté » ne s'applique en rigueur de terme qu'à Dieu et à lui seul, et que toutes les beautés du monde ne sont que des reflets amoindris de la sienne. Il est besoin de fort peu de mots pour dire que l'on aime, et ils sont tous adéquats, les poètes et les mystiques savent cela. D'autre part, on ne voit pas comment l'on pourrait persister à appeler Dieu le « Tout Autre », et continuer à enseigner que le Christ, que l'on a pu approcher, entendre et toucher, est la deuxième Personne de la Trinité. « Qui me voit, voit le Père », a-t-il dit. Et comment nous demanderait-il de « prier sans cesse », s'il savait que nous n'avons aucun mot pour le faire, et comment lui adresserions-nous la plus belle de toutes les prières, qui consiste surtout à le remercier d'être ce qu'il est ?

S'appuyer sur l'Écriture pour affirmer que l'on ne peut rien dire de Dieu n'est qu'un méchant paradoxe, quand on soutient par ailleurs qu'elle nous a presque tout appris de ce que nous savons de lui. En réalité, nous pouvons dire de Dieu tout ce que nous suggèrent notre cœur, quand il est pur, et notre esprit, quand il s'oublie enfin lui-même, et que l'infranchissable abîme que l'on veut bien nous signaler entre sa personne et la nôtre ne nous donne plus d'autre forme de vertige que celle que produit la révélation d'un amour incroyable.

« Et Dieu, qui l'a créé? »

« On tentait autrefois de ''prouver'' l'existence de Dieu par l'enchaînement des effets et des causes, et comme il faut bien que cette chaîne ait eu un commencement, on appelait celui-ci la ''cause première'', que l'on assimilait à Dieu. Mais la raison ne se laisse pas arrêter en si bon chemin, et quand on lui dit que la suite des causes exige une cause première, ou, ce qui revient au même, que les choses créées veulent un créateur, elle est fondée à demander quelle est la cause de cette cause, et comment a surgi ce créateur. La question — et vous êtes plusieurs à la poser — est donc parfaitement justifiée. Du reste, comme elle est insoluble, on a fini par renoncer au raisonnement qui y conduit. Cette "preuve" traditionnelle de l'existence de Dieu a été abandonnée. On sait aujourd'hui que Dieu est indémontrable. »

Cependant, demander « qui a créé Dieu » revient à faire de lui une créature comme les autres, ce qu'il n'est pas par définition.

La succession des causes a nécessairement lieu dans le temps, et Dieu est éternel ; par conséquent, il n'entre pas dans l'enchaînement observé par la raison dans la nature.

L'intelligence, qui nous mène à poser l'existence d'une « cause première » — faute de quoi ou bien rien n'aurait commencé, ou bien tout serait successivement cause première, ce qui est contradictoire — ne peut appréhender cette « cause première », en raison même du cheminement naturel qui l'a conduite à cette exigence.

Quant aux « preuves » traditionnelles ou non, de l'existence de Dieu, elles font l'objet du chapitre suivant.

« Prouvez-moi l'existence de Dieu »

« Démontrer Dieu est impossible, et cela ne pourrait d'ailleurs se faire qu'au détriment de la foi. Les anciens parvenaient à Dieu par cinq voies : la "preuve" par les causes, que l'on vient d'examiner ; la "preuve" par le mouvement, car tout ce qui se meut est mu par un autre, ou encore, tout mouvement est précédé par un autre mouvement, ce qui nous ramène à l'exigence d'une impulsion initiale équivalant à la "cause première" ; la "preuve" par "le possible et le nécessaire" : nous voyons bien que les choses ne sont pas absolument nécessaires, puisqu'elles pourraient ne pas être, et qu'elles meurent (comme elles existent cependant, il faut bien qu'à un moment donné une certaine nécessité leur ait été conférée, et l'on retrouve une fois de plus l'idée de "cause première"); la "preuve" par les degrés d'accomplissement des êtres, qui supposent une perfection suprême par rapport à laquelle on puisse les dire plus ou moins bons ou plus ou moins vrais; enfin la "preuve" par le gouvernement des choses privées de connaissance et qui pourtant agissent toujours en vue d'une fin et de manière à réaliser le meilleur, ce qui suppose une volonté directrice (on notera en passant avec intérêt que les anciens avaient déjà quelque pressentiment de la théorie darwinienne de la "survivance du plus apte" lorsqu'ils parlaient de la tendance des choses "à réaliser le meilleur").

Toutes ces "preuves" traditionnelles se rattachent à l'idée de "cause" combattue depuis le XVIIe et le XVIIIe siècle par les philosophes (Locke, Kant, et d'autres) pour qui le duo "cause-effet" n'est qu'un jeu de réciprocité dialectique (chacun des deux éléments impliquant l'autre) étranger à la nature, où l'on ne peut observer que des répétitions de phénomènes sans ce lien de cause à effet qui n'existe que dans notre entendement. D'autre part, depuis la même époque il est reconnu que notre raison — qui est l'intelligence dans sa phase de recherche contrôlée — ne saurait atteindre la réalité de ce qu'Emmanuel Kant appelait "la chose en soi".

Bref, la raison ne peut atteindre Dieu. Elle n'a même pas le droit de poser l'existence d'un être tel que lui, qui par définition la dépasse et contredit les données matérielles sur lesquelles elle fonde ses opérations. »

Cependant Dieu, dit saint Paul, se rend manifeste par ses œuvres à toute intelligence.

Tout d'abord, expédions les objections. La notion de cause n'est nullement une fabrication de notre raison. Elle vient de l'expérience, et du reste la science ne cesse d'y faire appel. Si j'aperçois des enfants, l'expérience me dira qu'ils ne se sont pas faits tout seuls. Il pourra bien se trouver un philosophe pour me dire que je ne peux pas le prouver, mais il sera bien en peine de prouver à son tour que je suis dans l'erreur, si je lui dis que je les ai vus apparaître dans des choux. Les philosophes de cette sorte refusent le principe de causalité pour ne pas être conduits comme par la main à cette « cause première » qui les forcerait à suivre saint Paul, et à reconnaître Dieu dans ses œuvres. C'est pour le même motif qu'ils ont mis la raison à la torture, après l'avoir magnifiée.

Car on a commencé par la choisir contre la foi, que l'on accusait de brider les intelligences en les comprimant entre des dogmes improbables, et comme la raison persistait à parler de Dieu, en tout cas à attirer l'attention sur lui, on a mis en doute ses capacités à conclure, à prouver quoi que ce soit, à connaître autre chose qu'elle-même : au moment où l'on élevait une statue à la déesse Raison, celle-ci avait déjà perdu les attributs divins que l'on s'était empressé de lui décerner lorsque l'on espérait encore qu'elle affranchirait les esprits de la religion.

Destituée de ses grandeurs, réduite à la condition de servante des sciences exactes ou approximatives, elle se voyait refuser l'autorisation d'épouser le réel :

Nous ne pouvons connaître « la chose en soi », disait Kant, sans nous dire par quelle révélation miraculeuse l'intelligence, si elle ne pouvait en aucun cas sortir d'elle-même, avait appris l'existence d'une « chose en soi ». « J'ai restreint le pouvoir de la raison, disait encore ce même philosophe, pour étendre celui de la foi. » Mais comme cette foi n'est pas nécessairement la foi chrétienne, elle pourra être, un jour, raciste ou stalinienne. Et quelle vérité lui opposera-t-on, si le monde n'est qu'un vaste cabinet des mirages où l'intelligence n'aperçoit jamais qu'elle-même, indéfiniment multipliée par ses reflets ?

En fait, le christianisme est seul à faire totalement confiance à la raison dont il ne fait jamais le procès, même lorsqu'elle semble opiner contre lui. Il ne la met pas en accusation, comme le rationaliste n'hésite pas à le faire lorsqu'elle lui murmure ce qu'il ne veut pas entendre. Chez le croyant elle est inséparable de la foi, et il la respecte comme un don de Dieu. Il ne se permet pas de douter d'elle lorsqu'elle tarde à lui livrer la solution d'un problème, et il n'a pas la colossale perversité de se servir d'elle, non pour lui reconnaître, mais pour lui fixer des limites ; il ne se permet pas de la taxer dédaigneusement d'« anthropomorphisme » ou de dénoncer son impuissance radicale quand elle se trouve placée par l'observation scientifique devant une difficulté provisoirement déconcertante, comme la double nature corpusculaire et ondulatoire de la lumière.

Le christianisme est la religion de la raison. Il diffère du rationalisme en ceci qu'il ne se bouche pas les oreilles quand elle dit « Dieu ».

« Prouver Dieu » ne saurait signifier « le rendre

évident ». La raison peut réunir ce qu'en justice on appelle des « indices concordants », mais si elle atteint le terme de sa logique quand elle nous dit qu'il est, elle ne peut nous dire *qui* il est : cette connaissance-là est du domaine de la révélation.

En dehors des voies traditionnelles, qui sont toujours en bon état mais que l'on n'emprunte plus guère, même le dimanche, il y a des approches qui mènent la raison au-delà des « indices concordants », tout près du flagrant délit divin.

Je vais en donner quelques exemples. Je répète qu'il ne s'agit-là que d'approches, mais qui peuvent contribuer à la réflexion de l'incroyant et aider le croyant à sortir de ses doutes.

Dans son avant-propos à un étonnant ouvrage de David Bohm, prix Nobel de physique, le professeur Grof résume ainsi, et fort bien, la pensée matérialiste :

« La science traditionnelle occidentale voit l'histoire de l'Univers comme l'histoire du développement de la matière dans lequel la vie, la conscience et l'intelligence créatrice représentent les sous-produits accidentels, dépourvus de sens, d'une matière basiquement passive et inerte. L'origine de la vie et de l'évolution des organismes vivants est alors considérée simplement comme un épiphénomène ayant émergé lorsque le développement de la substance matérielle a atteint une certain degré de complexité. »

Cette théorie a toujours eu pour but affiché, inavoué, ou inconscient, d'éliminer Dieu du discours de l'intelligence humaine, entreprise qui mène après des détours plus ou moins longs à l'impossible ou à l'absurde. Le monde ne serait qu'une affaire de géométrie. Mais on aura beau compliquer les figures, elles ne produiront jamais une pensée capable de les comprendre, pas plus — pour caricaturer un peu — que l'on ne verra jamais un triangle se rendre compte tout à coup, avec ravissement, que la somme de ses angles est égale à deux droits.

La difficulté était telle que Descartes, l'un des pères fondateurs de ce système qui fut longtemps moderne, et qui ne l'est plus, faisait appel à Dieu pour la résoudre. Mais c'était encore trop concéder à la théologie, et l'on en vint à cette idée, énoncée plus haut, que la pensée n'était qu'un épiphénomène, quelque chose comme la vapeur d'une locomotive d'autrefois. Ce petit train mécaniste a circulé longtemps, mais il n'a plus beaucoup de voyageurs, surtout depuis que la vapeur a conçu le train électrique. Le problème restait intact : comment un épiphénomène s'aperçoit-il qu'il est un épiphénomène ? On délégua la solution aux diverses sciences de l'âme ou du cerveau, et l'on changea d'univers. Le monde n'était plus fait de petits éléments stables s'associant en architectures de plus en plus compliquées pour offrir le spectacle étonnant que nous avons devant les yeux. En réalité, nous dit-on, tout dans la nature était ondes, fréquences, vibrations, corpuscules, ceux-ci ayant d'ailleurs la propriété de se manifester sous des formes aussi différentes que l'onde ou le grain de matière. Mais alors, pourquoi la nature n'avait-elle pas fait de nous de simples récepteurs et émetteurs d'ondes et de corpuscules, pourquoi s'était-elle acharnée à produire un être capable, à l'aide d'un équipement sensoriel et cérébral extrêmement raffiné certes, mais de très faible puissance, de capter une petite partie de ses émissions et de les élaborer en images et en concepts pour parler un autre langage que le sien ? Pour simplifier gentiment les choses, comment notre mère la nature, qui ne s'exprime que par gestes, nous a-t-elle appris le chinois ?

J'ai posé un jour la question à un professeur américain de physique théorique, prix Nobel, qui paraissait s'ennuyer à table dans un déjeuner restreint de scientifiques auquel j'avais été invité par mégarde. Je m'attendais à un haussement d'épaules. J'eus la surprise d'entendre mon vis-à-vis me dire, sans la moindre trace d'ironie : « C'est une question. » Le même savant à l'esprit accueillant m'invitait un mois plus tard à une réunion de physiciens qui se tenait à Versailles et où, disait-il, nous pourrions « reprendre la question ». Je me reproche encore aujourd'hui de n'avoir pas retardé le voyage qui m'empêchait de renouer une conversation dont j'avais beaucoup à espérer, les physiciens étant en général, de tous les hommes, les plus attentifs et les plus libres de préjugés. Mais que ma question fût une question pour l'un d'eux était déjà, pour moi, une réponse : il y a une volonté à l'œuvre dans la nature, et l'ingéniosité têtue que celle-ci met à nous enseigner une langue qu'elle ignore, voilà ce que j'appelle un « flagrant délit d'intention » et une approche de Dieu.

On peut en proposer une autre. La physique moderne va de révolution en révolution, mais ses grands révolutionnaires n'ont pas tous la même vision du monde, et il peut même arriver qu'ils nous en fournissent des images contradictoires. Ainsi la Relativité d'Einstein impose l'idée d'un mouvement continu (le mouvement commence avec l'existence) déterminé causalement et bien défini, alors que selon le mécanisme quantique de Max Planck, qui a également force de loi chez les physiciens, ce même mouvement n'est ni déterminé, ni continu, ni défini. Les deux théories ayant des champs d'application différents, l'une dans l'ordre de grandeur du monde stellaire, l'autre dans l'infiniment petit, ont été adoptées ensemble malgré leurs contradictions apparentes.

Pourtant, l'esprit humain ayant soif d'unité, et cherchant inlassablement une explication qui soit valable du haut en bas de « l'échelle de Jacob » de la connaissance, ou qui en tout cas ne change pas brusquement d'un barreau à l'autre, sans que d'ailleurs l'on puisse dire lequel, un troisième grand révolutionnaire est survenu, David Bohm, qui nous offre une nouvelle vision de l'univers où les deux théories précédentes trouvent conjointement leur place à titre de formes abstraites ou dérivées d'une réalité plus profonde. D'après lui (je tire ces lignes de la préface de son livre le plus riche de pensée[1]) « chaque centimètre cube d'espace vide contient plus d'énergie que ce que l'on pourrait trouver dans l'univers connu. L'univers entier, tel que nous le connaissons, n'est qu'une simple petite trace d'excitation quantique en forme de vague, une ride sur cet océan d'énergie cosmique. C'est cet arrière-plan énergétique caché qui engendre les projections tridimentionnelles constituant le monde des phénomènes que nous percevons dans notre vie de tous les jours... N'importe quel événement, objet ou entité, observable et descriptible, quel qu'il soit, est abstrait d'un flux, ou indéfinissable ou inconnu... ».

On peut imaginer un fleuve sous-jacent, ou encore une coulée de lave à la surface de laquelle on peut observer des bulles, des tourbillons, voire des tours ou des constructions éphémères qui ne nous paraissent

1. *La plénitude de l'univers,* Éditions du Rocher.

stables que parce que notre temps est encore plus bref que le leur. Pour parler en images, la Relativité concernerait la géométrie curviligne des vagues, la mécanique quantique la nature dissociée des gouttelettes, qui leur permet justement de s'associer ; mais la réalité, ce serait cette immense énergie en mouvement dont notre monde visible ne serait qu'une expression colorée. David Bohm plonge hardiment dans ce gouffre, vient reprendre sa respiration à la surface, et se retrouve nez à nez avec le Sphinx qui dévore l'un après l'autre tous les aventuriers de la connaissance : quelle est, demande-t-il, « cette sorte de faculté que l'homme a de se séparer de lui-même et de son environnement », qu'est-ce donc que notre intelligence, « acte de perception inconditionné dont le fondement ne peut se trouver dans des structures telles que les cellules, les molécules, les atomes ou les particules élémentaires », bref, comment peut-on savoir qu'un tel acte de perception inconditionné est possible ?

« Vaste question », dit Bohm, « qui ne peut être complètement exposée ici ». Elle est traitée ailleurs. Dans les premières pages de la Bible. L'homme est une image de Dieu, défraîchie sans doute, assez opaque souvent ; mais c'est de son créateur que l'intelligence tient ce pouvoir de se tenir à l'extérieur d'elle-même, et à l'extérieur du monde pour le juger. La question de David Bohm sur l'étonnante liberté de l'intelligence ouvre une nouvelle voie d'approche. On dit parfois que Dieu se cache. Mais l'esprit qui s'interroge sur lui-même le pressent, la nature le dénonce en silence, et il a laissé partout des empreintes digitales.

Autrefois, à l'enfant qui demandait « pourquoi les

oiseaux ont des ailes », ou « pourquoi les choses sont comme cela », on répondait : « Parce que Dieu l'a voulu. » Cette réponse des âges d'obscurantisme a longtemps provoqué l'hilarité des « savants » du rationalisme antireligieux. La question était absurde, et n'appelait qu'une seule réponse véritablement scientifique : « Les choses sont comme cela parce qu'elles sont comme cela. »

Depuis, la science a fait d'incroyables progrès dans toutes ses disciplines, et elle aura bientôt sur les choses des pouvoirs exorbitants. Mais la plus grande de ses découvertes n'a encore fait l'objet d'aucun brevet. Elle s'est aperçue récemment qu'elle n'expliquerait jamais la matière par la matière. Au bout de ses investigations, il n'y a plus rien qu'un impalpable frisson d'être au comportement imprévisible, et pourtant ce désordre originel produit autour de nous un ordre d'une singulière complicité avec les mathématiques. A travers les travaux les plus avancés des physiciens et des astrophysiciens, on voit distinctement Dieu, rappelé de son exil, passer peu à peu à l'état d'hypothèse. La promotion est intéressante, et c'est au tour de la foi de sourire.

« Dieu est-il de gauche ou de droite ? »

« Voilà ce que l'on peut appeler une question récréative. On pourrait situer Dieu à droite, dans la mesure où il nous impose des commandements qui n'ont fait l'objet d'aucune délibération préalable, mais on pourrait aussi bien le voir à gauche, puisqu'il pardonne les infractions, ce que la droite a toujours beaucoup de peine à faire. Il serait abusif de le dire "centriste", sous prétexte que, d'après Pascal, l'univers est un cercle dont le centre est partout, et la circonférence nulle part. Pour trancher, il faudrait que l'on pût établir une distinction nette entre la gauche et la droite. Or, depuis la mort des idéologies, qui ont expiré sous nos yeux, la différence entre les deux partis ne tient plus qu'à des nuances verbales. »

Cependant, il existe toujours des « hommes de gauche » et des « hommes de droite » qui ne se ressemblent pas du tout, même lorsqu'ils mènent la même politique.

On pourrait remonter au péché originel, dire que l'homme de gauche n'y croit pas, tandis que l'homme de droite y croit tellement qu'il a peine à croire à la rédemption ; mais il est plus simple de dire que l'homme de gauche croit agir selon son cœur, l'homme de droite selon sa raison, et qu'ils se trompent tous les deux. Quant à Dieu, on le voit mal tenant à l'aise dans l'un ou l'autre parti, et l'on peut se demander si ce n'est pas lui qui a inspiré cette maxime décisive à notre Simone Weil, dont le génie commence où finit celui de Pascal : « Il faut toujours être prêt à changer de camp avec la justice, cette fugitive du camp des vainqueurs. »

« Pourquoi Dieu ne se montre-t-il pas ? »

« Ce serait tout de même plus simple. Que d'erreurs, de fautes, de crimes et de malheurs seraient évités, si le bien suprême était présent parmi nous et visible à nos yeux !

On donne généralement trois motifs à cette absence de Dieu qui nous laisse dans l'errance et le doute : le premier est que sa présence nous ôterait toute liberté de jugement, et remplacerait en quelque manière le déterminisme de la nature par le sien, alors qu'il a voulu que nous fussions des êtres libres ; la deuxième, que nous y perdrions les immenses bénéfices de la foi, avec les mérites qui lui sont attachés ; le troisième enfin, que la nature de Dieu est si différente de la nôtre (il est infini, et nous ne le sommes pas, il est éternel, ce que nous ne sommes pas non plus, il est esprit, et nous sommes faits de matière sujette à la dispersion), qu'il est impossible de le faire entrer dans le champ excessivement réduit de nos facultés. On ajoute parfois à cela une quatrième raison, tirée de l'Écriture, selon laquelle nul ne pourrait voir Dieu sans mourir. Mais ces raisons sont contestables et l'on peut dire, en remontant de la dernière à la première, que rien n'empêchait Dieu, s'il est tout-puissant, de nous donner le moyen de capter sa présence, en tamisant sa lumière ; que la foi est assurément une belle chose, mais que les anges, qui se tiennent devant Dieu et n'ont par conséquent nul acte de foi à faire, n'en sont pas pour autant moins aimés que nous ; enfin, on ne connaît guère d'être humain qui ne soit disposé à échanger sa liberté contre une assurance de bonheur éternel. »

Cependant, il est clair que la présence visible de Dieu produirait un autre monde ; et c'est ce monde-ci que nous avons à comprendre.

Il est vrai que l'effacement de Dieu est la condition de notre liberté de conscience, sans laquelle nous ne serions qu'un jouet mécanique dépourvu de la moindre aptitude au dialogue.

Il est vrai également que cet effacement permet l'éclosion de la foi, qui est en nous la chose que Dieu admire le plus. Vrai encore que nos sens ne nous livrent qu'une toute petite partie du réel : si toute les « fréquences » de l'univers étaient imprimées sur un ruban d'un kilomètre, nous n'en pourrions lire qu'une tranche de trois millimètres ; dans ces conditions, nous n'avons aucune chance de capter ce que l'on pourrait appeler la « fréquence zéro » de la lumière increéée.

Enfin, il est vrai et conforme à l'Écriture, que « nul ne saurait voir Dieu sans mourir », car cette vision exigerait une telle extension de nos facultés qu'elle équivaudrait à une métamorphose.

Mais on peut donner, de cette discrétion de Dieu, une explication différente, tirée de l'expérience, et qui fait appel à la seule charité. Cette expérience, tous les mystiques la vivent, ou l'ont vécue un jour. « Vous êtes Celui qui est tout, s'écriait Catherine de Sienne, je suis celle qui n'est rien », et ce n'était pas un exercice d'humilité, mais un simple constat d'évidence. L'éblouissante lumière spirituelle qui environne Dieu révèle la présence invisible d'une si grande innocence que devant elle chacun se juge, les meilleurs étant aussi les plus sévères, et voilà justement ce que, dans sa bonté, Dieu ne veut pas.

Beaucoup, influencés par l'austère pensée janséniste, se représentent Dieu en juge, et craignent de paraître devant son tribunal. Et il est vrai que devant l'indicible pureté de Dieu, nous serons portés à nous condamner nous-mêmes, honteux, non pas d'avoir offensé une toute-puissance, mais d'avoir blessé un enfant. Mais nous aurons un avocat, et ce sera Dieu, qui plaidera pour nous, contre nous-même.

Le grand drame de l'espèce humaine est de ne rien comprendre à l'amour, et de lui fixer des limites qui n'existent que dans notre propre cœur.

« Dans la Bible, le récit de la création est-il un poème ? »

« Sans aucun doute, nous dit-on, la Bible s'ouvre sur deux récits de la création, composés à des dates différentes, le premier dans l'ordre de présentation au lecteur vers 550 avant Jésus-Christ, le second quatre siècles auparavant, et qui passent aujourd'hui pour "légendaires". Ce sont des textes sans ambition historique ou scientifique. D'après certains encyclopédistes religieux, la double évocation biblique de la création du monde est "un récit d'une poésie naïve, sans autre prétention que de donner, avec des images concrètes, une réponse aux questions fondamentales", telles que "d'où viennent, et l'homme, et les maux qui l'accablent", etc. Il s'agit donc bien d'un poème, d'une fable instructive qui laisse le champ libre à des conceptions moins *naïves* de l'origine et de la destinée des êtres humains. »

Cependant, la Bible est ou n'est pas un livre inspiré. Si elle l'est, la poésie ajoute, et ne retire rien à sa véracité.

On relève, dans certaine manière de parler de la poésie, les traces d'un vieux mépris en quelque sorte industriel pour les activités censément improductives et incontrôlables de l'esprit.

Il suffit pourtant d'avoir, ou de se souvenir que le mot « poème » vient d'un verbe grec signifiant « faire » pour comprendre que la poésie est exactement le langage qui convient à la création, qui est tout entière un immense poème inachevé auquel chacun d'entre nous est appelé à ajouter une ligne, un mot, une syllabe ou une lettre. On peut même avancer qu'il n'est absolument aucun mode d'expression qui soit aussi bien approprié à l'œuvre de Dieu.

Au lieu de nous enorgueillir d'une science que nous ne possédons pas, tout notre savoir étant incapable de répondre aux « questions fondamentales » que nous nous posons depuis le commencement du monde, nous devrions remercier Dieu de nous parler ce langage de la poésie, le seul qui soit, par grâce de sa suprême charité, accordé en même temps à nos faibles forces et aux désirs les plus élevés de notre esprit.

« Comment lire la Bible? »

« On ne saurait aborder la Bible sans préparation, de bons guides et un minimum de culture historique. Depuis Ernest Renan, la critique historique a fait des progrès considérables qui rendent la lecture de ce qu'on appelait jadis "le texte sacré" très aléatoire pour le débutant, dans la mesure où les incessantes corrections, rectifications, approfondissements et variations de sens minent le terrain sous ses pas. La plupart des spécialistes religieux considèrent aujourd'hui la Bible comme une œuvre "inspirée", ce qui peut se dire de n'importe quel poème de valeur exceptionnelle. C'est un livre parmi beaucoup d'autres, dont on convient toutefois qu'il contient une pensée religieuse originale et un enseignement spirituel et moral très précieux. Mais on ne croit généralement plus, comme autrefois, qu'elle a été écrite ''sous la dictée'' de Dieu. Le sens littéral a été abandonné à quelques juifs orthodoxes, au bénéfice de diverses lectures (symbolique, allégorique, sociologique, psychanalytique, structuraliste, etc.) qui impliquent toute une analyse critique. »

Cependant, pour Ernest Renan, « l'essence de la critique historique est la négation du surnaturel », et la négation *a priori* n'est pas une attitude scientifique. En outre, la critique historique ne date pas de Renan, mais de Spinoza. Enfin, si la Bible est un livre comme les autres, on ne voit pas pourquoi l'on persiste à allumer des cierges pour en donner lecture, et à environner celle-ci d'un cérémonial inconnu dans les bibliothèques.

Je ne saurais dire comment « il faut » lire la Bible, mais je peux dire comment, pour ma part, je la lis.

Que la Bible soit un livre « inspiré » ou « dicté », à mes yeux c'est tout un, l'origine de l'inspiration ou de la dictée étant la même. Or depuis ma conversion, j'ai la conviction qu'il n'y a aucune différence à faire entre ce que Dieu *est*, et ce qu'il *dit*. Il *est* dans sa parole. L'Écriture est donc une première version de l'Eucharistie. Voyez l'attitude des juifs orthodoxes devant le *Livre :* ils se penchent dessus jusqu'à le toucher du front, absorbent le verset et renversent la tête en arrière comme pour l'avaler, pareils à des oiseaux picorant du grain.

L'Écriture est une nourriture, elle se mange plus qu'elle ne se lit. Ce qui est à chercher dans les mots, qui sont des coquillages à divin, c'est une forme de la présence de Dieu, aussi mystérieuse que dans l'hostie. Si je ne craignais d'offusquer, j'irais jusqu'à dire que la Bible est le seul livre où les mots n'ont aucune importance : ce sont des fenêtres sur la lumière, leur forme compte peu. Si l'on me dit que les textes ont certainement changé au cours des âges anciens, et que la critique en a révisé plus d'un, je répondrai tranquillement que cela n'a pas grand intérêt, sauf pour les spécialistes, les chercheurs, les curieux ou, comme disait Léon Bloy, les « épuceurs de coccinelles ». Je prends la Bible telle que les Églises me la donnent, avec ou sans les remaniements des exégètes : Dieu est capable d'enseigner sans mots, ou avec n'importe quels mots. C'est sa présence et le son de sa parole que je cherche, conformément à cette parole du Christ qui dit « mes brebis reconnaissent ma voix » et non « mes brebis reconnaissent ma pensée ». La Bible est pour moi l'instrument de cette musique.

Mais je le répète, telle est ma façon de lire la Bible. Je ne dis pas qu'elle est la meilleure, et l'on est tout à fait en droit de préférer d'autres méthodes plus savantes, mais je crains que celles-ci, en remuant constamment les textes, ne finissent par brouiller les ondes et par rendre inaudible cette voix à nulle autre pareille.

« Peut-on croire aux miracles ? »

« Les objections sont nombreuses. Nous ne parlerons pas des "miracles" rapportés par l'Ancien Testament, comme le passage de la mer Rouge par les Hébreux : faute de manuscrits originaux, nous ne pouvons pas savoir comment ceux-ci relataient les faits, qui ont peut-être été modifiés à travers les âges, de copie en copie. Les Évangiles sont plus proches de nous, et si nous ne possédons pas non plus de textes originaux, nous sommes fondés à penser qu'ils n'ont pas varié depuis leur rédaction. Or, les miracles de l'Évangile peuvent être classés en trois grandes catégories : les *guérisons* (les paralytiques, les sourds-muets, les "possédés") auxquelles on peut rattacher les *réanimations* (la fille de Jaïre, le fils de la veuve de Sarepta, et la plus célèbre, la "résurrection" de Lazare) ; les *anomalies*, telles la marche de Jésus sur les eaux du lac de Tibériade ou la multiplication des pains ; les *phénomènes surnaturels,* comme l'Annonciation, l'Ascension, la Pentecôte, les apparitions de Jésus après la Pâque.

Les progrès de la médecine, en particulier de la neurologie et de la psychosomatique, permettent de donner des explications naturelles aux miracles de *guérison* ; au surplus, presque toutes les maladies offrent des périodes de rémission : les miraculés de l'Évangile en ont peut-être bénéficié, sans compter que nul ne sait s'ils n'ont pas connu de rechutes. Quant aux *réanimations*, il suffira d'observer qu'à l'époque les constats de décès se faisaient sur des apparences dont on sait aujourd'hui qu'elles peuvent être trompeuses. Dans les temps anciens, le nombre des inhumés vivants a dû être colossal. Ce fut sans doute le cas de Lazare, dont le réveil d'un coma prolongé a pu coïncider avec le retour du Christ.

Les *anomalies* sont probablement l'effet de mirages, d'illusions d'optique (la marche sur les eaux) ou d'un réapprovisionnement discret par quelques personnes de bonne volonté (la multiplication des pains).

Quant aux *phénomènes surnaturels,* ce sont très vraisemblablement des manières imagées de rendre compte, à l'intention des esprits simples, de réalités spirituelles trop difficiles à comprendre, l'Annonciation, par exemple, équivalant à une prise de conscience de sa mission par une jeune fille pieuse, l'Ascension une manière de figurer la prééminence du Christ sur toutes choses, la Pentecôte un moment d'enthousiasme collectif des apôtres comprenant soudain, à la faveur d'un échange de vues prolongé dans le local où ils étaient reclus, la qualité exceptionnelle de leur message. Les apparitions du Christ après sa résurrection relèvent simplement de l'hallucination.

Au surplus, on ne voit pas Dieu contrevenant aux lois naturelles qu'il a fixées lui-même : ce serait d'un bien mauvais exemple pour ses créatures.

Enfin, les miracles, en nous forçant à croire, nous priveraient du mérite de la foi et iraient donc contre la religion, au lieu de l'appuyer. Mieux vaut dégager l'Évangile de tous ces apports mythologiques. »

Cependant, « rien n'est impossible à Dieu », dit le Christ.

La raison athée ou pour ainsi dire à l'état brut n'a absolument rien à opposer aux miracles. Elle peut seulement dire qu'elle n'y croit pas, et que d'autres y croient. Pour soutenir qu'ils supposent une dérogation inadmissible aux lois de la nature, il faudrait encore que celles-ci nous fussent intégralement connues, ce qui est loin d'être le cas. A la limite, la raison à l'état brut pourrait soutenir que le Christ, pour guérir, a mis en œuvre des ressources de la nature ignorées de son temps; mais ce serait encore un hommage, et l'athéisme ne tient pas à le rendre.

On a éliminé les miracles de l'Ancien Testament et notamment le plus spectaculaire d'entre eux, le passage de la mer Rouge par les Hébreux : on apprend au livre de l'Exode que ceux-ci, fuyant les Égyptiens, auraient vu la mer s'ouvrir devant eux pour leur livrer passage, et se refermer sur l'armée de leurs poursuivants. Le rationalisme, qui ne met pas en cause l'exactitude matérielle de la narration, explique ce prodige par l'effet d'un violent coup de vent qui aurait séparé la mer en deux au-dessus d'une crête de hauts-fonds inconnus. Ce vent étant tombé brusquement derrière le dernier Hébreu, les murailles liquides de la mer se seraient rejointes, engloutissant les soldats de Pharaon. A notre connaissance, c'est le seul coup de vent philosémite et antimilitariste de l'histoire : il y a des explications naturelles plus miraculeuses encore que les miracles.

N'ayant en vue que l'ordre matériel, et oubliant l'ordre spirituel, on soutient qu'en accomplissant un miracle Dieu irait contre l'ordre naturel qu'il a fixé lui-même, et que cela ne se peut.

C'est pourtant ce qu'il fait chaque fois qu'il pardonne, et qu'il brise l'enchaînement des conséquences du péché dans une âme sincère. Le pardon est un miracle permanent, beaucoup plus étonnant que n'importe quel prodige physique.

Les miracles ne desservent pas la foi, comme on le prétend : ils la font entrer dans un ordre d'exigences plus élevé. Ainsi les apôtres, qui ont assisté aux deux *anomalies* citées ici, la marche sur les eaux et la multiplication des pains ont-ils plutôt mal traversé, à l'exception de saint Jean, l'épreuve de foi que constituait la crucifixion du Messie.

Il est exact que nombre de ceux qui se préoccupent aujourd'hui de nous apprendre à lire l'Évangile, crainte de passer pour des esprits simplistes aux yeux du matérialisme contemporain, déploient des efforts d'ingéniosité parfois remarquables pour rationaliser la foi en éliminant les *phénomènes surnaturels* mentionnés plus haut en en donnant des interprétations figurées, symboliques ou allégoriques. Sur quoi l'on a trois remarques à faire.

La première est que depuis les origines tous les grands esprits nés de la foi chrétienne ont pris les récits de l'Annonciation, de l'Ascension ou de la Pentecôte à la lettre, sans qu'aucun d'eux se livrât jamais à cette espèce d'autopsie ou d'équarrissage qui consiste à dépouiller le miracle de sa chair pour n'en conserver que l'esprit.

La deuxième est qu'aucun des nouveaux experts en Écriture n'a eu l'une de ces expériences mystiques où l'impossible arrive quelquefois. N'ayant jamais aperçu un ange, ni rencontré un corps glorieux, ils doutent que cette bonne fortune ait pu arriver à qui que ce soit, et ils finissent par ressembler à des gens qui refuseraient de croire qu'Armstrong est allé sur la lune, parce qu'ils n'y sont pas allés avec lui.

La troisième est qu'il ne sert vraiment pas à grand-chose d'esquiver l'Ascension ou la Pentecôte quand on est tenu d'admettre l'Incarnation, prodige infiniment plus étonnant que tous les autres. Cela s'appelle filtrer le moucheron, et avaler le chameau.

Le plus grand miracle de l'Évangile, c'est l'Évangile lui-même.

Dans le Nouveau Testament, les circonstances des miracles sont presque plus intéressantes que les miracles eux-mêmes, qui ne sont pas si surprenants si notre pensée n'exclut pas Dieu de sa création. Chacun d'eux contient une leçon, et c'est bien cette leçon qui importe. On en donnera trois exemples. Lorsque le Christ guérit un malade, et fait savoir à l'assistance que cette maladie n'est pas chez cet homme la conséquence de son péché, ou du péché de ses parents, il renverse un préjugé tenace de l'ancienne mentalité juive qui liait la souffrance à la faute, et c'est là l'une des nombreuses pensées révolutionnaires de l'Évangile. Lorsque le centurion demande au Christ de sauver son serviteur, c'est la foi du centurion (« Seigneur, je ne suis pas digne que tu entres dans ma maison, mais dis seulement une parole et mon serviteur sera guéri ») qui est admirable, plus encore que le miracle qui suit, et dont on osera dire respectueusement qu'il est de routine évangélique. Enfin, dans la résurrection de Lazare, la chose vraiment extraordinaire est la prière qui précède l'événement, et où le Christ demande à Dieu ce qu'il est parfaitement en mesure d'opérer lui-même, à savoir le retour de Lazare parmi les vivants : c'est une lueur fugitive sur le mystère de la sainte Trinité elle-même où tout est charité, chez celui qui donne, et chez celui qui demande quand il pourrait prendre. On reviendra sur ce point.

Ainsi le miracle est-il un signe, certes, mais aussi et surtout une leçon : l'authenticité d'un miracle se reconnaît à l'ampleur de son enseignement.

Enfin, le miracle n'est pas du domaine de l'irrationnel, mais de la raison élargie au spirituel.

« A quoi sert-il de croire ? »

« Du point de vue moral, bien des incroyants égalent ou surpassent les croyants en bonté, en dévouement, en probité ou dans l'exercice des vertus sociales et familiales ; s'il y a eu des progrès dans le domaine social, c'est aux révolutionnaires athées qu'on les doit, plutôt qu'aux chrétiens, longtemps enclins à renvoyer la justice à un monde meilleur : s'ils sont plus attentifs aujourd'hui aux droits des pauvres, c'est précisément dans la mesure où ils croient un peu moins au paradis, et un peu plus à ce monde-ci.

Du point de vue intellectuel, la différence est mince entre celui qui croit, et qui doute la plupart du temps, et celui qui ne croit pas, en s'interrogeant sans cesse. Finalement, ils sont tous deux en recherche, et croire, ou croire que l'on croit, ne fait que simplifier arbitrairement le problème, qui est de savoir "pourquoi il y a quelque chose plutôt que rien", et l'on a plus de chances de le résoudre quand on ne croit pas que lorsqu'on lui donne les réponses toutes faites de la foi. En ce qui concerne la destinée individuelle, les articles de foi n'étant pas des preuves, le croyant n'est pas mieux informé que l'incroyant. Donc, rien ne sert de croire. »

Cependant, « l'insensé dit en son cœur : il n'y a pas de Dieu », dit l'Écriture.

Tout ce que l'on vient de dire sur la morale et la vie, intellectuelle ou sociale, peut être invoqué à l'avantage de la religion. La morale privée du milieu révolutionnaire athée où j'ai été élevé, était la même que celle des catholiques d'en face ; elle avait la même origine judéo-chrétienne, et si elle ignorait délibérément le premier des dix commandements, elle pratiquait les autres sans même y penser. Sur le plan social, les fidèles faisaient effectivement preuve d'une résignation excessive, due au pessimisme engendré chez eux par des siècles de jansénisme rampant, qui les mettait constamment au bord de la damnation et endeuillait en permanence leurs églises et leurs pensées. Situation pénible à laquelle n'apportait aucun adoucissement le despotisme clérical. On pourrait résumer leur psychologie en disant qu'ils aimaient peut-être leur prochain comme eux-mêmes, mais pas plus.

Il reste que c'était bien l'amour du prochain, autre valeur judéo-chrétienne, qui mettait la gauche en mouvement vers la justice.

L'athéisme systématique a produit des résultats catastrophiques et il est impossible de dénombrer ses victimes. Nous aurons vu surgir en plein XXe siècle deux monstres d'une espèce encore inconnue, deux dragons totalitaires qui se seront regardés quelque temps d'un œil vide de tout sentiment avant de se jeter l'un contre l'autre. Le dragon hitlérien a fini dans une mare d'essence enflammée, à l'orifice du souterrain de Berlin où il s'était tapi avec sa haine et ses rêves. Le dragon stalinien lui a survécu dix ans, et si le système donne aujourd'hui des signes de lassitude, si l'on aperçoit des fêlures dans sa carapace, il n'en aura pas moins écrasé pendant des dizaines d'années d'innombrables populations sous ses écailles de fer, et engendré un dragon chinois qui vient encore de souffler la terreur et le mensonge sur Pékin. Spectacle consternant, nos intellectuels les plus répandus se seront perchés sur l'une ou l'autre de ces bêtes d'Apocalypse, et, tout occupés à pérorer dans les nuages, ils n'auront pas entendu le gémissement qui montait de la terre. L'Occident a échappé aux horreurs de l'idéologie incarnée en raison de sa très ancienne culture chrétienne, qui a contraint l'athéisme à prendre la forme tolérable de la laïcité en le préservant de l'esprit de système : la laïcité a eu chez nous ses accès de fanatisme anticlérical, mais elle n'a jamais fermé les églises ; c'est l'un des cas où la foi sauve la raison de sa pente naturelle, qui, en politique, l'entraîne vers l'absolutisme.

L'athéisme philosophique, mis à part Karl Marx, titulaire d'une pensée forte, le monde en sait quelque chose depuis soixante-dix ans, n'a jamais été le fait que de philosophes de deuxième ordre du XVIIIe ou du XIXe siècle, et il a disparu avec eux. Livré à l'athéisme matérialiste ou à l'insolente domesticité du veau d'or, abandonné à son sort par des penseurs qui ne pensent qu'eux-mêmes, l'être humain est de plus en plus seul avec les appareils automatiques qui forment sa compagnie ordinaire dans les gares, le métro, les parkings, les cafeterias, qui ne desserrent les dents que pour lui tirer la langue d'un ticket, ou croquer le sien, lèvent des bras articulés pour lui livrer passage, lui distribuent le café, le chocolat, l'omelette sous cellophane et lui rendent la monnaie, de peur qu'il n'aille s'adresser à un employé vivant.

A quoi sert de croire ? Nous voyons bien à quoi sert de ne pas croire : à être seul sur cette terre, qui est le moins fixe de tous les domiciles, et à ne jamais entendre, en réponse aux questions que le cœur se pose, une autre voix que la sienne.

« Comment croire ? »

« La foi est un don, une grâce, une faveur enfin que l'on ne saurait se procurer par ses propres moyens. Beaucoup de personnes de bonne volonté désireraient croire, n'y parviennent pas, et se plaignent de l'inutilité de leurs efforts. Comme leur sincérité n'est pas douteuse et qu'elles sont tout aussi pourvues de discernement que les croyants, il faut bien penser que la foi vient, ou ne vient pas, sans que l'on puisse faire quoi que ce soit pour l'acquérir. »

Cependant, il est écrit : « Cherchez, et vous trouverez, frappez, et l'on vous ouvrira. »

Certains qui savent très bien où est la porte et qui savent aussi qu'on leur ouvrira, s'abstiennent de frapper, crainte d'être amenés à changer de vie, et à rompre avec leurs habitudes. Il reste que beaucoup cherchent, et se plaignent de ne pas trouver. Celui qui a trouvé sans chercher est fort mal placé pour leur donner des conseils, mais il peut leur faire part de ce que l'expérience lui a appris. Lorsqu'il a été converti par surprise, il a eu l'occasion de vérifier dans la joie la splendide exactitude de cette parole de l'Évangile : « Si vous ne devenez semblables à ces enfants, vous n'entrerez pas dans le royaume des cieux. » A vrai dire, pour lui, la procédure s'était faite à l'envers. Il était entré par faveur inattendue dans le royaume des cieux avant de devenir un enfant, mais c'est un fait que s'il avait vingt ans en entrant dans la chapelle de la rue d'Ulm, il en avait cinq en sortant, que le monde était un beau jardin de création toute récente, et qu'il avait la permission d'y jouer quelque temps (c'est huit ans plus tard que la Gestapo devait siffler la fin de la récréation).

Contrairement à ce que semble penser ceux qui nous exhortent à nous faire « une foi adulte », et pourquoi pas ridée, ou barbue, une foi-cadre en attendant la foi à la retraite, l'esprit d'enfance ne consiste pas à faire l'enfant, à affecter l'innocence, à se remettre au biberon pour jouer les adultes en bas-âge. C'est beaucoup plus simple et beaucoup plus difficile. C'est retrouver la fraîcheur du regard, oublier ce que l'on croit savoir, se tenir devant les êtres et les choses comme si on les voyait pour la première fois : ce regard pour ainsi dire virginal, qui est celui de l'enfant, est aussi celui du peintre, ou du contemplatif. « Ne s'étonner de rien », disait le vieil Horace. S'étonner de tout, et notamment d'être là, est une des clefs de la rencontre de Dieu. Lord Beaverbrook, magnat de presse, avait fait afficher dans toutes ses salles de rédaction le placard suivant : « Le monde a commencé ce matin, et vous ne savez pas qu'Elizabeth est reine d'Angleterre. »

C'est ainsi qu'il convient de regarder le monde, si l'on veut surprendre la vérité qu'il cache à ses habitués. Car l'habitude, qui tue le mystère, voilà l'ennemie. L'enfant n'en est pas encore la victime. Les choses lui arrivent dessus dans tout l'éclat de leur nouveauté, comme autant de surprises chargées de propriétés magiques. « Si vous ne devenez semblables à des enfants »... non seulement vous n'entrerez pas dans le royaume des cieux, mais il n'y aura pas de royaume des cieux pour votre œil blasé auquel le temps, et l'accoutumance qui vient avec lui, auront donné à croire qu'il a déjà vu ce qu'en fait il n'aura jamais regardé. Imaginez que le temps, qui crée cette accoutumance, change de rythme, que tout ce qui demande des mois, des années ou des siècles se passe autour de vous en un instant, que les arbres se déploient et que les fleurs s'épanouissent en quelques secondes, que toute la nature enfin surgisse soudain devant vous dans sa profusion multiple : alors elle vous semblera un immense bouquet et vous chercherez comme d'instinct, parmi les feuilles, la carte de visite du généreux donateur.

« Marie ? »

« Le temps n'est plus des excès de la mariolâtrie, qui frôlaient souvent l'adoration indue, et qui s'exprimaient par la récitation mécanique d'un chapelet dépourvu de contenu spirituel bien avant le dixième grain, et par la vénération de ces images pieuses dont la réputation de médiocrité n'est plus à faire. On était allé jusqu'à proposer la promulgation d'un dogme de "Marie Médiatrice", projet qui avait soulevé dans bien des Églises des objections dangereuses pour l'avenir de l'œcuménisme, et que de grands écrivains catholiques avaient été les premiers à rejeter. On cite moins souvent Marie dans les offices, on se garde de toute exaltation intempérante de sa personne, et cette modération a fort heureusement mis fin à bien des spéculations hasardeuses sur la "naissance virginale du Christ", "l'Annonciation" et autres vains sujets de discordes théologiques dans un monde en proie à des préoccupations infiniment plus concrètes. Marie était sainte, sans nul doute, mais elle était d'abord une femme comme les autres femmes, et non cet être surnaturel que la misogynie sournoise de l'Église a proposé aux femmes en modèle, tout en sachant parfaitement qu'il était inaccessible, ainsi que la psychologie moderne et la psychanalyse l'ont démontré. »

Cependant, la Vierge Marie s'écrie dans le Magnificat « Toutes les générations me diront bienheureuse », et c'est exactement ce qu'elles ont fait, et feront jusqu'à la fin.

La dévotion mariale est un précieux indice de disposition à la douceur, à l'humilité, en même temps qu'un signe indubitable de cette bienveillance divine qui s'étend, certes, à tous les humains mais qui, là, est particulièrement visible.

Inversement, l'animosité envers la piété mariale est un signe décisif d'inintelligence spirituelle.

On répondra aux objections :

— Que la dévotion à Marie, que certains croient déconsidérer en la qualifiant de « mariolâtrie », n'est pas le fait d'une religiosité mièvre ou débile ; elle tenait une place considérable dans la spiritualité de Maximilien Kolbe, qui donna sa vie pour un autre à

Auschwitz, et elle est souvent prônée par Jean-Paul II, qui n'est ni un faible, ni un sentimental apeuré.

— Que les grains du chapelet sont les grains de blé d'une moisson qui se lève ailleurs. Cette prière insistante est proche du langage répétitif de la louange, chère aux mystiques. Il est d'ailleurs un moyen très simple de l'empêcher de tourner à l'exercice mécanique : dédiez le premier grain à une personne, et il s'en présentera aussitôt après une autre à votre esprit, puis dix, puis vingt, et le chapelet vous paraîtra non pas trop long, mais trop court, et vous aurez eu la preuve que votre prochain a grand besoin de votre prière.

— Que si les images pieuses ne sont pas réussies, les photographies de famille de nos albums ne le sont pas toujours non plus. Les beaux esprits les raillent, et ne voient pas la beauté secrète des sentiments que le cœur a placés en elles. Je m'amuse parfois à imaginer que Dieu, dans son humour, réserve aux beaux esprits un ciel en forme de magasin d'objets de piété qui semblera délicieux à leur enfance retrouvée.

— Que toutes les femmes étant médiatrices par nature, il serait étrange que la Vierge Marie fût seule à ne pas l'être.

— Que l'on peut soutenir que Marie est « avant tout une femme comme les autres », à condition d'ajouter qu'aucune autre ne nous a jamais dit : « Je suis l'Immaculée Conception. »

— Qu'il n'y a pas plus de misogynie inavouée à célébrer en Marie le plus grand des êtres créés qu'il n'y a de misanthropie retorse à nous inviter à suivre Jésus-Christ. Je ne sais plus quel grand médecin a dit un jour que la psychanalyse était une maladie qui se prenait pour son remède. La thèse de l'exaltation misogyne d'une femme confirme le diagnostic.

— Que l'Annonciation, la naissance virginale de Jésus, etc., ne sont pas des sujets de spéculations oiseuses, mais des mystères qui éclairent toute la suite de l'Évangile. Éteignez ces lumières, et l'Évangile ne sera plus qu'un recueil de maximes et de vaines promesses.

En vérité, par son acquiescement à l'Être, la Vierge Marie est une étincelante figure de l'intelligence. Elle est la seule avec Dieu à avoir prononcé ce *Fiat* qui a donné deux fois naissance à la lumière.

« Faut-il prier ? »

« Cela ne paraît pas indispensable. Selon la foi, Dieu connaît nos désirs et nos besoins mieux que nous ne les connaissons nous-mêmes. Il peut très bien se passer de nos indications. Quant à nos chagrins, ou bien ils sont dans l'ordre de la nature, et la prière n'y peut rien changer, ou bien Dieu ne permet qu'ils nous atteignent qu'en vue d'un plus grand bien, et il est sage de les subir sans se plaindre. Enfin, prier un être dont on ignore s'il existe vraiment est jeter une bouteille à la mer en doutant qu'elle trouve jamais quelqu'un pour la recueillir. Donc, la prière est inutile dans tous les cas. »

Cependant le Christ nous dit : « Veillez et priez ».

Les arguments avancés ci-dessus ne tiennent aucun compte de la relation de charité, qui est, en Dieu et autour de Dieu, le principe d'unité de toutes choses — et qui inclut le doute avec ses inquiétudes et ses souffrances.

La prière va à l'amour, et l'amour revient avec elle dans un cœur désencombré de lui-même.

Elle peut prendre des formes diverses. La plus élevée est la prière de louange, suprême activité de l'esprit, raison d'être des religieuses et des religieux contemplatifs ; mais elle ne leur est pas réservée, c'est une question de capacité d'admiration, ce dont les humbles sont en général amplement pourvus.

La prière de demande a mauvaise réputation, surtout chez les avares. Elle est jugée trop intéressée pour être valable, et pourtant, avec une tendresse exquise, la parabole du fils prodigue nous encourage à la faire. Car c'est bien parce qu'il a faim et parce qu'il a froid, c'est bien parce qu'il n'a plus un sou et qu'il en a assez de garder des cochons dont il ne lui est même pas permis de partager la nourriture, enfin c'est bien parce qu'il songe avec nostalgie aux ouvriers bien nourris de la maison familiale qu'il met fin à sa désastreuse escapade et retourne chez son père. Et celui-ci, du plus loin qu'il l'aperçoit, court le serrer dans ses bras, pardonne tout, tue le veau gras, et se réjouit avec toutes sortes de démonstrations d'allégresse d'un retour qui devait peu au remords, et beaucoup à la nécessité. Ainsi le Christ essaie-t-il de nous faire comprendre que l'amour de Dieu est tel qu'il accueille avec joie tous ceux qui viennent à lui, fût-ce par intérêt : il n'y a pas de borne à la bonté divine, et voilà ce que les croyants les plus sincères eux-mêmes ont peine à concevoir.

Mais la plus significative de toutes les prières est à nos yeux celle du Christ devant le tombeau de Lazare, le frère de Marthe et de Marie. De retour à Béthanie après quelques jours passés sur l'autre rive du Jourdain, Jésus apprend la mort de Lazare, et il pleure, détail à signaler à ceux qui prennent la foi pour un anesthésique. Les deux sœurs lui reprochent plaintivement son absence, persuadées que leur frère vivrait encore si Jésus eût été présent, puis elles se rendent avec lui au tombeau, un caveau recouvert d'une grande pierre. Jésus dit : « Otez la pierre. » On la poussa donc sur le côté.

Alors, dit l'Évangile, Jésus leva les yeux au ciel et dit : « Père, je te rends grâces de m'avoir exaucé. Je sais bien que tu m'exauces toujours, mais c'est pour tous ceux qui sont ici que je parle, afin qu'ils croient que tu m'as envoyé. » Puis il cria : « Lazare, sors ! » Et le mort sortit de la tombe.

Ce que je retiens pour le moment de ce célèbre épisode, c'est la prière muette et l'action de grâces publique qui ont précédé la résurrection de Lazare. Ce miracle, Jésus n'avait-il pas le pouvoir de l'accomplir seul ? Il avait ce pouvoir, et il ne l'a pas exercé. L'économie divine n'est pas la nôtre ; elle est fondée sur le déficit absolu et permanent de l'amour, qui veut que l'on demande tout à l'autre, qui ne demande qu'à tout donner. La prière établit ce rapport de charité entre l'âme et Dieu, si bien que l'on peut dire sans nul paradoxe que prier, c'est exaucer Dieu.

« Que peut-on dire de l'amour ? »

« Dans *Le Capital*, qui passe pour un livre d'une austérité rebutante et qui fourmille pourtant d'observations cocasses, Karl Marx écrit que deux choses ont eu, de tout temps, la propriété de faire déraisonner les hommes : l'amour, et la nature de la monnaie. Malheureusement pour nous, la suite parle moins d'amour que de monnaie, mais on peut retenir de la remarque de Marx que la prudence s'impose lorsqu'il s'agit d'amour et que, tout compte fait, mieux vaudrait n'en pas parler. L'amour est irrationnel et de plus illogique, puisqu'il peut commencer sans raison, et finir sans motif. Pourquoi Roméo aime-t-il Juliette, pourquoi Chimène enjambe-t-elle le cadavre de son père pour rejoindre son meurtrier ? Il n'y a pas de réponse à ce genre de question. Le mot "amour" recouvre d'ailleurs une infinité de pulsions, d'instincts, de sentiments parfois contradictoires, sans parler des diverses formes de passion qu'il abrite généreusement.

Le mieux est sans doute de s'en tenir à la définition que Voltaire en donne dans son *Dictionnaire philosophique :* "L'amour est d'abord le contact de deux épidermes." Tout ce que l'on peut ajouter à ce constat réaliste ne fait que manifester l'insuffisance de notre vocabulaire, qui ne dispose que d'un mot pour désigner l'élan qui porte deux êtres l'un vers l'autre, la relation entre la mère et l'enfant, le goût de la peinture ou celui de la sauce à la moutarde. La sagesse voudrait que l'on employât ce mot avec grande économie, après avoir convenu qu'il n'avait pas de sens intelligible, car, disait Spinoza, "ce qu'un mot gagne en extension, il le perd en compréhension". »

Cependant, nul ne doute que l'amour existe.

Si Voltaire avait un terrible talent, il n'avait pas de génie : il est constamment trahi par l'extraordinaire médiocrité de sa poésie, et par la bassesse de certaines de ses pensées. Celle que l'on vient de citer est la raillerie d'une intelligence incapable de s'élever jusqu'à la beauté, et qui tente d'avilir ce qu'elle ne peut atteindre. Le XVIIIe siècle de Voltaire a fait subir au mot « amour » les plus hideuses déformations, allant jusqu'à plaquer son nom sur les pratiques les plus déshonorantes, et le masque de velours que l'on portait volontiers dans les « fêtes galantes » ne dissimulait pas un visage, mais une tête de mort.

La philosophie libertine du siècle nie l'image de Dieu qui est dans l'homme, et elle s'évertue à prouver que cette image n'existe pas en exaspérant la sensualité avec froideur et minutie, jusqu'au point où elle rejoint très exactement celle du Romain consultant, avec un ignoble frisson, les entrailles du chrétien répandues par la griffe des bêtes sur le sable du cirque. La littérature érotique de la fin du XVIIIe siècle fait encore l'admiration des petits maîtres d'aujourd'hui, qui épuisent les faibles ressources de leur art à composer des romans dont les personnages, réduits à leurs fonctions animales, disparaissent de page en page et ne laisseront jamais un nom dans aucune mémoire.

La remarque de Spinoza est juste. Il est vrai qu'une goutte de vin diluée dans un litre d'eau perd sa valeur, et qu'un mot perd la sienne à désigner trop de choses. Mais on verra dans la question suivante que le mot « amour » n'a en vérité qu'un sens, et ne convient proprement qu'à une seule personne.

« Comment sait-on que l'on aime ? »

« On a souvent observé que l'amour, à ses débuts, prenait toutes les apparences d'une maladie : une certaine fièvre, pouvant aller jusqu'au délire obsessionnel, des alternances d'abattement et d'exaltation, des crises de larmes accompagnées de raisonnements saugrenus et suivies d'éblouissements ou de représentations fallacieuses d'un bonheur imaginaire, tous symptômes pouvant permettre un diagnostic assez sûr et malheureusement décourageant. De plus, l'amour prenant parfois simultanément les diverses formes de la passion, du désir, du dévouement, du besoin d'appropriation, de la jalousie, de l'égocentrisme périphérique et autres singularités plus secrètes découvertes par la psychologie moderne, il est pratiquement impossible de savoir si c'est l'autre, ou sa propre personne que l'on aime. Bref, il n'y a pas de réponse à la question. »

Cependant, en amour, la psychologie ne sert à rien. C'est un sentiment qui ne vient pas de la terre, où il vit comme il peut, et qui résiste à l'analyse.

Le jeune homme auquel la jeune fille vient de confier qu'elle s'appelle Cunégonde, et qui murmure : « Ah, quel joli nom », peut se considérer comme atteint. Ce n'est pas la consonance mérovingienne du prénom qui le captive, ou le capture, mais le pouvoir que ces quatre syllabes auront désormais pour lui d'évoquer une personne unique et irremplaçable. Contrairement à ce que pourrait laisser supposer l'état des mœurs, c'est l'âme entrevue à peine qui séduit tout d'abord, et les émules du marquis de Sade le savent bien, qui s'évertuent à la débusquer par les moyens les plus ignobles, avec l'arrière-pensée contradictoire de la détruire et de se prouver qu'elle n'existe pas. Si comme nous le pensons, l'âme est première, alors le premier sentiment sera l'admiration, qui ne va pas sans un profond respect, proche de la sidération, et l'on n'admire rien sans éprouver plus ou moins confusément le besoin de remercier, de rendre grâces. C'est pourquoi, bien que je sache parfaitement que la procédure inverse s'est généralisée et que l'on se jette à tâtons les uns contre les autres sans passer par la plus courte phase contemplative, je vous dirai avec tranquillité que vous reconnaîtrez l'amour à ce signe que l'être devant vous qui vous séduit est, d'abord, un chef-d'œuvre de Dieu.

Et cette évidence durera, quelles que soient les atteintes de l'âge et de la vie ; car tout ce qu'un être perd dans sa lutte contre le temps, il le gagne en éternité. L'amour vrai est totalement indestructible : je vous l'ai dit, ce sentiment ne vient pas de la terre.

« Pourquoi se marier ? »

« L'un de vous est même plus précis et demande : "Pourquoi se marier au risque de se tromper ?" D'humeur à plaisanter, on répondrait : "Pour ne se tromper qu'une fois." Mais un sujet aussi grave n'est pas à prendre à la légère. C'est un fait que les mariages sont moins nombreux qu'autrefois, et les divorces beaucoup plus fréquents. On comprend que devant les incertitudes de l'avenir, le chômage, les menaces que la guerre fait peser sur les peuples et la pollution sur la nature, le changement quotidien des données de la vie morale et les échecs de l'âge mûr, qui ne donne guère l'exemple de la constance, la jeunesse hésite à entrer dans le mariage, cette prison où l'on n'a pour toujours qu'un seul et même compagnon de cellule. L'expression "les liens du mariage" exprime bien l'état de dépendance perpétuelle dans laquelle les époux sont condamnés à vivre. L'idée de passer toute son existence avec la même personne ne sourit guère à beaucoup. Sans compter que le risque est grand de commettre une erreur dans le choix du partenaire. C'est pourquoi l'Église, ou en tout cas des gens d'Église, fort avertis de l'évolution des mœurs, avaient mis au point dans un diocèse de France la formule dite du "mariage à l'essai", qui consistait à accorder aux futurs époux un temps de vie commune après lequel ils pourraient prendre un engagement définitif. Il ne semble pas que cette expérience ait été poursuivie et étendue, et c'est dommage : elle montrait que l'Église est parfois capable de comprendre son temps, et de s'adapter aux mentalités nouvelles. »

Cependant, « Que votre oui soit oui », dit l'Évangile.

La comparaison du mariage et de la prison est une banalité de vaudevilliste. De toute façon, mieux vaut être deux dans une cellule qu'y rester seul à regarder les murs se rapprocher avec l'âge jusqu'à l'emboîtement final. Vivre toute sa vie avec la même personne est une perspective dissuasive quand on ne l'aime pas ; mais quand on l'aime, la vie paraît excessivement courte. D'ailleurs, ceux qui craignent si fort de passer toute leur existence « avec une seule personne » finissent par la passer avec leur seule personne elle-même, et le risque de la monotonie est encore plus grand ; l'amour pouvait achever de les tirer du néant, l'égoïsme les y renvoie plus ou moins lentement.

Avant d'être, semble-t-il, abandonnée, la formule du « mariage à l'essai » avait inspiré à Jean-Paul II cette parole décisive : « On ne se marie pas plus à l'essai qu'on ne meurt à l'essai. » Le rôle des Églises chrétiennes serait bien misérable, s'il consistait simplement à aggraver de ce qu'il leur reste d'autorité les erreurs du monde, à flatter ses penchants et à concélébrer ses aberrations avec lui. Le mariage à l'essai méconnaît l'essence même du mariage, qui est un engagement sans retour, ratifié par un « oui » réciproque sans réserve, un « oui » qui soit un « oui » et non pas, comme il m'est arrivé de l'écrire, un acquiescement flottant sur les fonds sournois de la réserve mentale. La moindre faille dans ce « oui » initial est une cause de dislocation à terme. Dit avec sincérité, il est un gage de bonheur, un bouclier contre le malheur ; il produit non pas un « couple », attelage sujet aux écarts, mais un seul être (Chesterton disait drôlement et véridiquement « un quadrupède ») réalisant entre l'homme et la femme une union bien supérieure à toutes les promesses d'égalité que la loi ne parvient pas à tenir : « Ils ne feront qu'une seule chair », dit l'Évangile. La suite est une question d'amour, donc de fidélité — et dans les moments difficiles, d'honneur.

Certes, l'échec est toujours possible, soit que le quadrupède ait été malformé à la naissance par un « oui » réticent, soit que la tentation le désarticule, mais ces chances sont réduites lorsqu'on a pris Dieu à témoin de son engagement, et que l'on a fait de lui le dépositaire de sa parole. Bien entendu, il y a d'autres causes de séparation que celles que je viens de dire : l'Église en a toujours reconnu plusieurs, auxquelles, depuis peu, elle a ajouté l'immaturité. Mais ce qui nous intéresse ici, ce ne sont pas les causes d'échec, encore que l'on en ait donné une dont on ne parle guère, et qui est la mauvaise qualité du « oui » sacramentel ; ce que nous cherchons, ce sont les conditions de la réussite, et il est clair que la plus décisive est la loyauté de l'engagement, et l'abnégation qui s'ensuit, car lorsque Dieu est associé à un acte humain, ce n'est plus notre manière d'être qui compte, mais la sienne qui tend à s'imposer, et tout chrétien devrait savoir qu'elle est faite de vérité, de désintéressement et surtout d'oubli de soi, comme le montre la vie du Christ, qui se désigne lui-même dans l'Évangile sous l'appellation de « Fils de l'homme » pour essayer de nous faire comprendre qu'il ne se prévaudra pas contre nous de son essence divine.

L'« union libre » n'est pas une union, mais une association incluant une faculté de rupture dont il est bien rare que l'on ne finisse pas par user un jour ou l'autre, et sa « liberté » n'est qu'une forme d'avarice où les partenaires veillent sur leur « moi » comme Harpagon sur sa cassette. L'« union libre » n'est qu'une conjonction provisoire de solitudes, et les enfants qu'elle pourra mettre au monde seront des orphelins, tantôt de père, tantôt de mère, ou des deux à la fois. Il y a un risque à refuser le risque du don de soi : celui de se retrouver seul, dans la compagnie lassante de ses regrets et de ses déceptions, après un certain nombre d'expériences qui se font de plus en plus rares et de moins en moins concluantes avec les années, sans parler de la fraîcheur, qui s'en va, et de la sécheresse, qui vient.

Si dans l'amour le corps vient en premier, il y a de fortes chances pour que l'amour se dégrade avec lui, et que ce qui a commencé dans le désir finisse dans l'aversion.

Si au contraire, comme nous le pensons et comme nous l'avons dit au chapitre précédent, ce qui vient en premier est l'âme, cette expression mystérieuse, touchante et brillante de la personne, alors l'amour durera autant qu'elle, il s'augmentera même de tout ce qui peut atteindre les corps, les rides seront les précieux sillons d'un chagrin partagé ; l'amour fidèle à son principe divin ne finira pas plus que lui, et l'âge ne fera que le rajeunir, tant il est vrai qu'il n'y a qu'un seul moyen de rester jeune, qui est d'être éternel.

Le mariage chrétien est un pari sur l'absolu ; mais il, faut pour le gagner, ne rien réserver de soi-même. C'est sans doute pourquoi l'on parie moins, depuis quelque temps.

Le mariage ne fait pas deux captifs, mais une liberté en deux personnes. On peut dire qu'il est réussi lorsque, l'engagement initial ayant été tenu, et l'union étant devenue naturelle, les époux n'ont même plus l'impression d'être mariés.

« Pourquoi les prêtres ne peuvent-ils pas se marier ? »

« Vous êtes nombreux à poser cette question, et cela se comprend : il n'y a jamais été répondu de manière décisive. Contraindre des hommes au célibat et à une continence perpétuelle ne va pas dans le sens de la nature, et l'on peut se demander pourquoi l'Église, d'ordinaire si prompte à invoquer la "loi naturelle", la récuse dans ce cas-là. Le pasteur et le pope sont souvent mariés et nul n'a jamais prétendu que le mariage les rendait incapables d'annoncer l'Évangile ou de remplir les autres tâches de leur ministère ; au contraire, on peut penser qu'ils s'en trouvent mieux informés de certains problèmes touchant à la vie de famille, qui est la vie de ce monde ordinaire avec lequel l'Église cherche désespérément à communiquer sans trop y réussir. En tout cas, la solitude imposée aux prêtres est une rude épreuve, cause de bien des difficultés intimes que l'on ne saurait traiter avec la désinvolture de ce cardinal de Curie du temps de Pie XII et de Jean XXIII, répondant laconiquement "pasta-fagioli" à ceux qui attiraient son attention sur les tourments du célibat forcé, comme s'il suffisait d'une soupe de pâtes et de haricots rouges ou blancs pour oublier femme et enfants.

La plupart des apôtres n'étaient-ils pas mariés ? Est-ce le Christ qui a exigé que ses serviteurs fussent réduits à cette condition inhumaine qui les fait étrangers aux joies et aux chagrins des autres hommes ?

Le célibat ecclésiastique n'est pas une affaire de dogme, mais de règlement, et ce qu'un règlement a fait, un autre règlement peut le défaire. »

Cependant, le Christ nous a dit que certains « se faisaient eunuques pour le royaume des cieux ».

On constate, ou l'on devrait constater avec étonnement qu'en dépit de deux ou trois siècles d'anticléricalisme tantôt virulent, tantôt sournois, à quoi le cinéma ajoute volontiers la dérision (il y a presque toujours un curé dans les films italiens, et s'il est parfois attendrissant, il est plus souvent ridicule), qu'en dépit de ce que l'on appelle la « désacralisation » du monde et du peu d'empressement religieux de nos contemporains, enfin qu'en dépit des effets de la laïcisation et de la sécularisation de toutes choses, l'image du prêtre est restée intacte dans l'esprit public. Si ce n'est pas à proprement parler un miracle à faire enregistrer au bureau de Lourdes, ce n'en est pas moins un phénomène extraordinaire.

Je crois interpréter correctement le sentiment populaire en disant que pour l'homme de la rue le prêtre (comme le pasteur ou le rabbin, mais avec une sorte de coefficient supplémentaire en pays catholique), quels que soient ses efforts pour se fondre dans la masse et prendre la couleur du temps, reste l'« homme de Dieu », c'est-à-dire très exactement un homme appartenant à Dieu, qui ne fait jamais que nous le prêter. Aussi est-il, dans le peuple, entouré d'un singulier respect, qui subsiste après que le cri du corbeau qui accompagnait son passage se soit envolé avec sa soutane. Il est possible que le célibat du prêtre catholique accentue encore le caractère particulier de cette appartenance, qui le livre tout entier à la communauté en faisant de lui un homme qui vit seul pour que les autres ne le soient pas : le célibat du prêtre doit le rendre intégralement disponible; je parle théorie. Le peuple, qui a été atteint par l'athéisme, n'enveloppe nullement sa personne — je ne dis pas sa fonction — dans la méfiance que l'on est parvenu à lui inspirer envers l'Église, et c'est une bien grande curiosité psychologique. Il ne s'étonne pas trop que le prêtre, qui appartient à Dieu, ne se marie pas s'il faut, pour se marier, disposer de soi-même.

Cela dit, le célibat des prêtres a été institué par les prêtres eux-mêmes, et si le clergé décide un jour de revenir sur cette règle, les laïcs ne pourront qu'accepter cette décision sans un mot de commentaire, même s'ils regrettent au fond de leur cœur que l'une des plus difficiles paroles de l'Évangile ne soit plus entendue que dans les monastères.

« L'Église est dépassée »

« Elle l'est depuis longtemps, comme le christianisme lui-même. Elle a assisté, impuissante et renfrognée, au puissant mouvement de la Renaissance, qui fut l'âge des grandes découvertes, non seulement de l'Amérique, mais de l'imprimerie, de la nature, du pouvoir de la raison et surtout de l'innocence de l'homme, délivré de la tenaille dogmatique et de l'obsession du péché. Le siècle des Lumières l'a vue se réfugier dans l'ombre de ses tempêtes et, mis à part quelques prêtres à l'esprit ouvert aux idées neuves de liberté, d'égalité, de fraternité, elle a condamné la Révolution française, sans comprendre que celle-ci marquait le renversement définitif de la vieille théologie politique du trône et de l'autel, la fin des hiérarchies verticales, et l'avènement du système de relations horizontales des sociétés modernes. Elle ne s'est ralliée à la démocratie qu'après une longue résistance, et trop tard pour convaincre de sa sincérité. S'il lui arrive de côtoyer l'histoire, elle n'y entre jamais et elle chemine le plus souvent à sa suite en maugréant. Aujourd'hui encore, elle tente de faire obstruction aux progrès des sciences, en particulier de la biologie et de la médecine. Elle ne vit pas avec son temps. »

Cependant, elle dure.

Il est vrai que si les Églises chrétiennes ont « les paroles de la vie éternelle », elles n'ont pas toujours celles de la vie quotidienne. Mais le décalage que l'on observe entre elles et le monde est inévitable : elles sont un peu dans la situation du peuple juif de l'Ancien Testament, qui cheminait avec le mystère de son alliance au milieu des idolâtries environnantes. La Renaissance a été un phénomène culturel exceptionnellement brillant, mais la religion pénètre beaucoup plus loin que la culture dans les profondeurs du cœur humain, elle atteint ce lieu mystérieux où l'être prend conscience de lui-même, s'interroge sur la vie et la mort, et délibère dans l'obscurité avec l'espoir et le désespoir, l'être et le néant. La Révolution française ne s'est jamais proposé de répondre à ce genre de questions. Elle s'est faite, disait Chesterton, « avec des idées chrétiennes devenues folles ». Ou avec des idées chrétiennes devenues raisonnables, c'est-à-dire coupées de leurs joyeuses ambitions de béatitude et d'éternité.

La liberté de conscience, qui est la première des libertés, les chrétiens sont morts pour elle dans le cirque romain ; l'égalité devant Dieu, la seule qui ne souffre aucune exception de droit ou de fait, était pour eux une évidence à laquelle n'échappait pas l'empereur lui-même, dont ils refusaient d'adorer les effigies ; quant à la fraternité, « elle est chez nous, écrivait Tertullien, de pratique courante, car nous mettons tout en commun... excepté nos femmes, la seule chose que les païens partagent volontiers ». Les valeurs de la devise révolutionnaire sont d'origine chrétienne, et l'Église les eût sans doute plus aisément identifiées, si la première n'avait été si tôt contredite par la persécution, la deuxième par l'arbitraire des comités et la troisième par l'échafaud.

La lenteur de l'Église à « reconnaître » la démocratie n'a d'égale que la lenteur de la démocratie à reconnaître l'Église. Au début du siècle, on a assisté à un véritable concours d'incompréhension réciproque entre la religion et la politique. Le curé dictait leur vote aux fidèles, et l'officier qui allait à la messe écopait d'un mauvais point. Puis l'Église s'est souvenue que son royaume n'était pas de ce monde, même si c'est en ce monde que l'on en cultive l'espérance, et la démocratie a oublié ses racines métaphysiques pour s'en tenir aux principes moraux qui fondent sa légitimité, et parmi lesquels le plus indiscutable, lui aussi d'inspiration chrétienne, consiste à reconnaître une égale dignité à tous les hommes.

Le reproche de faire obstacle aux progrès de la science et de la médecine est examiné dans les questions relatives à la bio-éthique.

L'invitation à « entrer dans l'histoire », périodiquement adressée à l'Église, est un effet de tribune d'une belle sonorité aguichante et vaine. « Entrer dans l'histoire » était-ce s'engager dans la marine de Nelson, ou dans l'armée de terre de Napoléon ? Et qu'est-ce que l'Histoire, dont on parle comme d'une espèce de divinité, fille de l'Évolution, mère du Progrès, infaillible, quoique aveugle, et qui survolerait les ruines de nos guerres et de nos folies en annonçant des lendemains qui chantent, au nom des avant-veilles qui pleurent et des autrefois qui grognent dans leurs cavernes ? Au temps de l'Évangile, l'histoire, c'était Tibère, et tous les yeux étaient tournés vers Rome. Qui eût pris garde à la naissance d'un petit enfant dans les environs de Bethléem, à l'abri d'un rocher ? C'était le contraire de ce que nous appelons un événement. On ne se méfie pas assez de la discrétion de Dieu, et de sa tendance à passer inaperçu.

Quant à l'expression « vivre avec son temps », c'est une de ces formules toutes faites qui nous servent en général à masquer une abdication morale ou un fléchissement de notre combativité. Si le Christ avait « vécu avec son temps », il est hors de doute que son aventure se fût achevée moins douloureusement ; il n'y aurait pas eu d'aventure du tout. Au lieu de contrarier violemment les idées reçues, son éloquence, coulant majestueusement dans le lit du conformisme, eût charmé le sanhédrin, et l'on eût fini par l'apercevoir, entouré d'égards, aux cocktails de Ponce-Pilate. Bref, il serait entré dans notre histoire, et nous ne serions jamais entrés dans la sienne.

Il est clair aujourd'hui à l'Est, du côté où le soleil se lève enfin, que la religion survivra à tous les systèmes. « La vérité vous délivrera », dit le Christ. Parole d'une exactitude saisissante. De même qu'il ne faut pas beaucoup de plutonium pour faire une bombe atomique, les plus petites vérités ont une force explosive inimaginable. Il a suffi d'en reconnaître quelques-unes dans l'empire du mensonge, pour que cet empire commence à se disloquer. Or l'Église, par l'Évangile, a partie liée avec la vérité. Elle n'a rien à craindre du temps. L'Évangile n'est pas dépassé. Il n'a jamais été rejoint.

« L'Église est misogyne »

« S'il s'agit bien de l'Église catholique, on peut difficilement soutenir le contraire. Elle refuse le sacerdoce aux femmes, elle réserve ses charges et ses responsabilités les plus hautes aux hommes. Autrefois, les femmes étaient chaisières dans les églises comme dans les squares, elles servaient le curé à table, préparaient la décoration florale des grandes fêtes, et si elles désiraient mener une vie spirituelle intense elles n'avaient d'autre ressource que d'entrer au couvent — où elles se trouvaient d'ailleurs sous la dépendance d'un prêtre, qui leur dispensait sacrements, conseils ou directives.

Aujourd'hui, leur rôle est à peu près le même,

moins les chaises, plus les cours de catéchisme, leur tâche la plus importante parmi leurs diverses activités subalternes. On leur confie également la direction des collèges de jeunes filles, mais elles ne déterminent ni n'orientent l'enseignement au plus haut degré. Au surplus, il a fallu un concile pour leur consentir une âme, dont on n'était pas très sûr auparavant qu'elles fussent dotées. Si l'Église catholique d'aujourd'hui a fort adouci le regard qu'elle porte sur elles, il y reste encore des traces de son antique défiance, maintes fois exprimée dans un grand nombre de textes qu'il est inutile de citer, sauf un, qui est de saint Paul et qui les résume tous : "Que la femme se taise dans l'assemblée." »

Cependant, l'Église catholique vénère dans la Vierge Marie le plus grand des êtres créés.

Sans doute s'est-il trouvé au Moyen Age des penseurs saugrenus pour prétendre que la femme était un être inférieur, sous prétexte qu'elle a été, selon l'un des deux récits de la Genèse, créée après l'homme. Mais Aristote observait déjà qu'il n'était au monde une absurdité qu'il n'y ait eu au moins un philosophe pour la soutenir, et l'on peut étendre son observation aux penseurs religieux qui s'imaginent que le rôle du théologien est de nous faire part, au jour le jour, de l'état de leurs opinions personnelles, alors qu'ils ont à nous transmettre la pensée de l'Église.

Les conciles, surtout dans les premiers siècles du christianisme, ont parfois passé plus de temps à condamner des erreurs qu'à définir des vérités, et l'on ne peut tout de même pas imputer à l'Église les aberrations qu'elle a dénoncées. Autant reprocher au ministre de la justice toutes les fautes que réprime le code pénal. L'argument tiré de l'ordre chronologique de la création n'est probablement qu'un canular de séminaristes voués au célibat, et la phrase de saint Paul enjoignant aux femmes de se taire dans l'assemblée prouve principalement ceci qu'elles en faisaient partie, chose longtemps inimaginable dans nos assemblées parlementaires. L'émancipation de la femme a commencé avec le christianisme, et elle est encore loin, malgré ses progrès, d'être achevée aujourd'hui.

La prétendue hésitation de l'Église à reconnaître une âme aux femmes est une ineptie démentie par toute l'histoire chrétienne. Les saintes et martyres ont été vénérées dès les premiers siècles, leur glorification brille sur les murs de Ravenne, dans les églises du VIe siècle, et il y a toujours eu autant de femmes que d'hommes au catalogue romain des canonisations, si elles sont moins nombreuses au calendrier.

Au Moyen Age, des abbesses gouvernaient parfois des hommes, comme à Fontevraud, et des femmes ont régné sur beaucoup de pays : elles n'ont été exclues du trône en France qu'en vertu d'une loi-fantôme opportunément invoquée pour éviter le rattachement du royaume à l'Angleterre. C'est tout de même le Moyen Age qui a inventé l'« amour courtois », cette incursion insolite et sans lendemain de la poésie dans l'histoire.

Paradoxalement, l'abaissement de la femme a commencé sous la Renaissance avec l'exaltation de sa beauté physique et le regain de paganisme qui ramène Vénus et Apollon dans le jardin culturel des grands de ce monde. Si vous visitez la chapelle funéraire de Diane de Poitiers, vous n'y apercevrez aucun symbole chrétien, et les inscriptions que vous lirez sur le tombeau de cette maîtresse du roi Henri II viennent du fonds littéraire de l'Antiquité. Les femmes, hélas, du moins celles qui pouvaient jouer un rôle dans la société, sont tombées dans le piège d'une idolâtrie qui ne les environnait d'adulations que pour mieux abuser de leur désir de plaire. Ce trouble mélange d'adorations menteuses et de mépris certain a atteint dans la littérature érotomaniaque de la fin du XVIIIe siècle un degré d'abjection que le XIXe n'aurait pu dépasser sans le secours de sa muflerie naturelle, fort visible sous le masque décousu du romantisme.

La Belle Époque devait mettre la dernière main à ces mauvais traitements ; la « femme-objet » allait être empaquetée et enrubannée en femme-cadeau. En même temps, et comme par réaction, l'espèce de jansénisme dégradé qui s'était emparé d'un grand nombre d'esprits religieux ne voyait plus au monde qu'un seul péché, celui de la chair, dont la femme lui paraissait, sans qu'il osât le dire en clair, seule responsable.

L'Église ne porte aucune responsabilité dans cette évolution, parallèle au déclin de son influence et contraire à son enseignement.

Quant au sacerdoce féminin, voici ce que j'en pense. Le prêtre dit la messe, et pour l'Église catholique la messe est un mémorial de la passion du Christ : elle comporte donc le rappel d'une effusion de sang (« ceci est mon sang, qui sera versé pour vous et pour la multitude en rémission des péchés »). Or les femmes donnent la vie, non la mort. C'est donc aux hommes à répéter un sacrifice dont elles ne portent pas la responsabilité juridique. Cette difficulté ne se présente pas dans les Églises chrétiennes où l'évocation de la Cène est symbolique ou simplement commémorative. Tout cela n'est qu'une opinion personnelle. Cela dit, le sacerdoce n'est pas un « droit », comme le droit de vote, mais un « appel », et le jour où les femmes le recevront, je suppose que l'Église catholique l'entendra en même temps qu'elles.

Sachant que l'Évangile, qu'elle est chargée d'annoncer, commence avec Marie et se termine avec Madeleine, premier témoin de la Résurrection, l'Église serait bien impardonnable d'être misogyne.

Mais quand on dit l'Église, on pense en général à l'aspect temporel de l'institution, qui est servie par des hommes, non pas des anges. Et c'est bien l'erreur la plus grave de certain christianisme contemporain, que de garder les yeux obstinément fixés sur la part terrestre de l'Église, de ne plus voir en elle qu'une administration, un pouvoir, enfin ce que Platon et Simone Weil appellent un « gros animal ». Cette Église-là n'est pas un objet de contemplation, mais un excellent sujet de discorde.

« Pourquoi l'Église intervient-elle dans la vie privée ? »

« On ne voit pas très bien ce qu'elle vient y faire. Elle a été chargée de répondre et d'enseigner l'Évangile, et non de se glisser dans notre intimité pour surveiller notre conduite. Chateaubriand, bien qu'il eût fait hommage à l'Église de son ''génie du christianisme'', notait déjà cette tendance à la tyrannie qui pousse nombre de prêtres à chercher dans la domination des consciences une sorte de compensation aux responsabilités familiales, politiques ou sociales que le sacerdoce ne leur permettait pas d'exercer. Dans les temps où l'influence de l'Église sur la vie morale était encore prépondérante, combien de ménages son ''interventionnisme'' n'a-t-il pas psychologiquement détruits, en introduisant entre les époux un tiers indiscret habilité à distribuer au nom du ciel la pénitence et le bon point ?

D'autre part, l'Église n'enseigne-t-elle pas que la liberté est essentielle à la dignité de l'être humain ? Ne nous dit-elle pas, inlassablement, que Dieu lui-même la respecte depuis le premier jour ? Que ne l'imite-t-elle, puisqu'elle a mission de le représenter ? »

Cependant, le Christ a donné à Pierre et aux apôtres le pouvoir « de lier et de délier ».

La liberté individuelle n'est pas en cause. C'est elle qui incitait les consciences troublées, ou inquiètes, ou — cela se voyait, jadis — repentantes à s'adresser au prêtre, détenteur par délégation d'un pouvoir d'absoudre qui n'a plus lieu de s'exercer de nos jours, nul n'ayant jamais rien à se reprocher, si ce n'est, de temps à autre, d'avoir été trop confiant ou trop bon.

Aujourd'hui, l'Église indique des directions, plus qu'elle ne donne des directives. Elle n'« intervient » pas dans la vie privée, mais dans les situations où sa vieille sagesse peut venir en aide aux consciences indécises ou imparfaitement informées. Ainsi, vous êtes plusieurs, et vous êtes même assez nombreux à vous demander pourquoi elle n'admet pas l'euthanasie. Je crains que vous ne confondiez l'euthanasie et l'interruption de traitement, décidée par les médecins et l'entourage du malade lorsque celui-ci est entré dans un processus fatal. C'est le contraire de « l'acharnement thérapeutique », ce n'est pas l'euthanasie :

celle-ci ne consiste pas à laisser faire la nature, mais à abréger les jours du malade « pour lui épargner des souffrances inutiles », non pas en lui administrant des calmants, chose recommandable, mais en l'expédiant par un moyen quelconque.

On voit sans peine, j'imagine, les abus auxquels peut conduire ce genre de pratique, et combien de cœurs compatissants, encore attendris par une visite chez le notaire, trouveront que le bon oncle à héritage n'a déjà que trop souffert.

Comment l'Église, les Églises et la Synagogue pourraient-elles accepter cela ? En s'y opposant, elles n'interviennent pas dans la vie privée, elles disent la morale, et c'est leur devoir de le faire.

« La loi naturelle »

« La religion nous impose deux lois : celle de Dieu, contenue dans les dix commandements, ramenés à deux par l'Évangile (''Tu aimeras Dieu et tu aimeras ton prochain comme toi-même'') ; celle de la nature, dont les dispositions s'appliquent aux créatures que nous sommes.

Certaines sectes poussent le respect de la ''loi naturelle'' si loin qu'elles refusent de soigner les malades, ce qui est parfaitement logique.

C'est au nom de cette ''loi naturelle'' que l'Église rejette la contraception, l'avortement et même la ''fécondation in vitro'' dite ''homologue'', qui se pratique avec le concours de deux époux légitimes.

Cette attitude paraît en contradiction avec la parole de Dieu à Adam et Ève : "Dominez la terre et soumettez-la." On ne peut dominer et soumettre sans légiférer, de sorte que l'être humain, s'il ne peut rien changer à la loi de Dieu, de qui il tient son pouvoir, est fondé à changer les "lois de la nature" qui sont, pour ainsi dire, du ressort de son administration. Quand elle condamne tout ce qui s'écarte de la "loi naturelle" l'Église est donc contradictoire avec la Genèse, sans parler du retard qu'elle prend sur la marche du siècle, et de l'antipathie qu'elle suscite chez ses contemporains, qu'elle blâme sans les comprendre. »

Cependant les lois de la nature ne sont pas à confondre avec la loi naturelle, qui nous est connue par la Révélation.

Ici, deux lignes d'histoire sont nécessaires. Jusqu'au XIVe siècle — ou à peu près, ce n'est qu'un point de repère et l'on peut le situer plus tôt en Italie ou plus tard en Espagne — Dieu était le personnage principal de l'histoire. Elle tournait autour de lui comme la cité autour de la cathédrale, et il dominait la pensée, l'art, la vie sociale et la vie privée. Sa créature était une personne « à son image et à sa ressemblance », et comme une personne est plus importante qu'un tas de pierres, il y avait souvent, dans la peinture, disproportion entre les personnes et le décor, le seigneur surplombant de très haut les murailles de son château, et le saint tenant son église dans le creux de sa main. Cette disproportion se retrouvait dans tous les domaines, y compris dans les mœurs, qui pouvaient aller de la cruauté à la poésie selon que l'être humain ne retenait, de sa ressemblance avec Dieu, que le pouvoir qu'il croyait tenir de lui, ou qu'il se sentait au contraire tenu par elle à la miséricorde et à l'amour. Le Moyen Age n'a pas été une époque de ténèbres, mais au contraire de vive lumière sur l'homme, ses grandeurs, ses faiblesses, ses élans et ses discordances intérieures, comme le montrent le bariolage contrasté de ses costumes ou l'extravagance de ses coiffures. Ces extrêmes sont symbolisés par le gantelet de fer du guerrier, et la main trouée de saint François aux stigmates.

A partir du XVe siècle — ou un peu plus tôt, ou un peu plus tard, ce n'est toujours qu'un repère mobile sur la carte des courants de l'esprit — l'homme se détache de la fascination de Dieu, et se tourne vers le monde : il va perdre un Père et se donner une Mère, la Nature, l'expression « notre mère la nature » devenant une banalité de la conversation.

C'est l'époque des grandes découvertes, et l'homme rencontre en chemin les divinités païennes qui ne dormaient que d'un œil « dans leur linceul de pourpre ». Il ordonne la création non plus autour de Dieu, mais autour de lui-même : dans la peinture, la perspective agence le décor par rapport à l'œil du peintre. L'homme se juge à la fois admirable et dérisoire, admirable par la supériorité que sa raison lui donne sur les autres créatures, dérisoire par la place minuscule qu'il occupe dans le tourbillon de l'univers. Le tableau de Brueghel *La chute d'Icare* donne une idée de cette situation nouvelle : il faut presque une loupe pour apercevoir le plongeon du héros dans l'immensité du décor ; l'aventure d'Icare se termine par un ridicule petit crachat dans l'eau. L'être humain n'est plus une personne, car la personne est en nous ce qui dialogue avec Dieu, mais un individu, qui parlera souvent de « liberté individuelle », et jamais de « liberté personnelle ».

On trouvera plus de preuves qu'il n'en faut de cette mutation dans la littérature du siècle des « Lumières », qui combine de manière saisissante l'exaltation de l'espèce et le mépris de ses représentants. L'homme est la seule conscience en acte de l'univers, l'être suprême, c'est lui : il rend hommage sur hommage à son génie, tout en prenant un sentiment de plus en plus déprimant de son insignifiance matérielle ; des écrivains délaissent le héros des temps anciens pour se consacrer à la description minutieuse des infirmités de l'espèce et des médiocrités de la vie quotidienne.

Cependant la connaissance des lois de la nature progresse à grands pas, et l'athéisme en même temps, toute découverte paraissant nous rapprocher du moment idéal où la nature aurait l'obligeance de s'expliquer par elle-même.

Il en fut ainsi jusqu'au milieu du XXe siècle, où s'est produite une de ces révolutions sournoises dont on ne prend conscience qu'après coup et qui changent, insidieusement, toute la mentalité d'une époque : depuis une vingtaine d'années, les « lois de la nature » ont cessé d'avoir force de loi. Devenues amendables et révocables par le progrès des techniques, la barrière qu'elles opposaient à la volonté humaine cèdent les unes après les autres, et elles ne fournissent plus de repères à la raison, qui ne dépend plus que d'elle-même, nul ne sachant comment elle usera du pouvoir grisant et fatal qui sera le sien demain.

Je pense que la « loi naturelle » selon l'Église n'est pas une doctrine tirée de l'examen des « lois de la nature ». La « loi naturelle » est l'ensemble des obligations et des responsabilités qui découlent pour l'homme de sa nature d'être créé « à l'image et à la ressemblance de Dieu ». En dernière analyse, la loi naturelle repose sur ce principe que Dieu et l'homme ne peuvent être dissociés, et que l'homme, par conséquent, a le pouvoir exorbitant d'impliquer Dieu dans ses actes, qu'il en ait ou qu'il n'en ait pas conscience.

C'est ce qui fait la gravité de l'avortement, qui n'est pas seulement comme on le dit en termes évasifs une « interruption de grossesse », mais l'interruption d'un processus d'origine divine, une naissance étant toujours un miracle qui pour être des plus courants n'en suscite pas moins chaque fois l'étonnement.

L'Église s'est prononcée sur ce sujet, et ceux qui étaient les plus décidés à ne pas l'entendre lui ont aussitôt reproché d'avoir parlé, tant il est établi qu'ici-bas la liberté d'expression est pleine et entière pour tout le monde, excepté pour l'Église.

On ressent une grande sympathie pour ceux qui, ne pouvant avoir d'enfant, ont recours à la « fécondation in-vitro et transfert d'embryon » ou Fivete. L'Église désapprouve le procédé — avec beaucoup moins de rigueur qu'on ne le dit, d'ailleurs — pour plusieurs raisons. Il requiert l'intervention d'un tiers, ce qui semble difficile à concilier avec la parole de l'Évangile sur le mariage : « Ils ne feront qu'une seule chair. » En outre, et l'argument est à nos yeux plus convaincant, dans l'intervalle qui sépare la fécondation en éprouvette et la transplantation, l'enfant est privé de la protection naturelle de la mère et exposé à toutes les manipulations, forte tentation à laquelle on ne résistera pas longtemps. En outre, pour réussir une transplantation, un surplus d'embryons est nécessaire. Ceux que l'on n'utilisera pas seront congelés, et maintenus dans cet état intermédiaire entre la vie et la mort, en attendant, soit de trouver preneur, soit d'être détruits, après un laps de temps variable, à moins qu'ils ne soient offerts à la recherche comme n'importe quel animal de laboratoire : là nous entrons d'un même pas dans l'inconnu, et dans l'horreur. Nous sommes en mesure de transgresser, de modifier ou d'abolir « les lois de la nature », mais nous sommes incapables de fixer des règles à cette liberté nouvelle.

Les comités d'éthique reconnaissent dans l'embryon « un être humain potentiel », qui nécessite le respect ; mais ils sont incapables de le protéger. Le mot « potentiel » n'est qu'une assez pauvre habileté de langage. Amandine, le premier bébé-éprouvette français, aura appris à une foule d'ignorants, dont je suis, qu'elle était déjà Amandine quelques heures après sa conception : tous les caractères de sa future personne étaient déjà imprimés en elle. Un embryon n'est donc pas un être humain « potentiel » — pas plus que les bébés cimentés par le paganisme dans les murs de la cité n'étaient des « adultes potentiels » — c'est un être humain, et le fait qu'il soit en formation n'atténue en rien la responsabilité d'éventuels manipulateurs, au contraire, il l'aggrave de la manière la plus effrayante : c'est un viol. Les comités d'éthique ne sont pas en mesure d'édifier une morale sur ce genre de sujet, car une morale de l'être humain ne peut se construire que par rapport à un absolu, et que l'absolu — c'est-à-dire, en clair, Dieu lui-même — est a priori écarté du débat et rejeté dans le domaine des spéculations ou des rêves métaphysiques. Ou bien l'homme est une image de Dieu, et qui osera y toucher, surtout lorsqu'il commence d'être sous la forme mystérieuse et fragile de l'embryon ? Ou bien ce n'est qu'une gelée de particules dénuée de toute empreinte divine, et pourquoi ne la cuisinerait-on pas librement, pour son bien et l'amélioration de l'espèce, cela va sans dire.

Mais toutes ces réflexions, si elles aboutissent à condamner des pratiques, ne conduisent en aucun cas à condamner les personnes. Dans l'Évangile, le Christ fixe de la manière la plus rigoureuse et la plus salutaire les lois du mariage, et converse un autre jour avec une Samaritaine « qui a eu cinq maris », et qui vit avec un sixième « qui n'est pas son mari » : c'est cependant à cette personne en situation irrégulière qu'il confiera l'un des plus beaux messages de l'Évangile sur l'adoration de Dieu en esprit et en vérité.

Ainsi peut-on dire avec une reconnaissance infinie pour la miséricorde de Dieu, que le christianisme, c'est la loi — après laquelle il n'y a plus que des exceptions.

« La bio-éthique »

« Pour le moment, la ‘‘bio-éthique’’ est l’ébauche d’une nouvelle morale prenant en compte les derniers développements des sciences, qui posent à la conscience universelle des problèmes complètement inédits. On comprend bien qu’il s’agit moins de fixer des limites à la recherche, ce qui serait inadmissible et d’ailleurs inopérant, que de poser quelques principes d’exploitation des découvertes scientifiques, qui sont toujours bénéfiques, mais non pas toujours sans danger. Aussi, plutôt que d’une morale, qui s’appuie sur l’interdit, l’obligation et la sanction, mieux vaudrait parler d’une sagesse dont les préjugés religieux ne pourraient qu’entraver la construction. Car l'énorme afflux des découvertes de la biologie et de la médecine modernes crée chaque jour des réponses nouvelles que la religion n'a pas les moyens de fournir, sa morale reposant en grande partie sur l'obéissance à une "loi naturelle" que la science amende et améliore sans cesse. »

Cependant, on ne voit pas comment on pourrait édifier une nouvelle morale ou une nouvelle sagesse des sciences de la vie, en particulier de la vie humaine, sans avoir, au préalable, une conception de l'homme ; ce que la religion, pour le moment, est seule à nous proposer.

Les pouvoirs de la connaissance sont aujourd'hui plus étendus que la connaissance elle-même. Ainsi, nous pouvons agir sur la vie, alors que celle-ci n'est encore qu'à l'état de promesse, mais nous ne savons pas ce que c'est que la vie, mystère narquois ou don gracieux des étoiles qui auraient autrefois ensemencé la terre, la dernière théorie à la mode ; nous pouvons disputer un être à la mort, mais nous ne savons pas ce que c'est que la mort, que l'on ne peut guère que « constater », d'une manière qui a d'ailleurs beaucoup changé à travers les âges : autrefois, dit-on, on mordait le gros orteil du défunt présumé pour s'assurer de son indifférence définitive aux épreuves de ce monde, pratique, dit-on, qui a valu aux employés des pompes funèbres l'appellation de « croque-mort » ; plus tard, on s'en remit au témoignage d'un miroir chargé de recueillir la buée d'un éventuel souffle de vie, puis on se fia à l'arrêt du cœur, preuve aléatoire sans les moyens de contrôle modernes, et enfin, depuis un certain temps, l'encéphalogramme plat vaut certificat de décès, mais l'on ne saurait dire avec précision à quel moment s'est retiré le principe d'unité qui faisait la cohésion de la personne ; nous savons changer la matière en énergie, au risque de transformer, à l'occasion, deux cent mille êtres humains en lumière et en chaleur, mais nous ne savons pas ce que c'est que la matière ; nos découvertes ne sont pas accompagnées d'un mode d'emploi, et le décalage augmente tous les jours entre ce que notre savoir nous permet de faire, et ce qu'il nous permet de comprendre : l'homme reste un mystère pour nous, de son début, qui semble relever de la magie, à sa fin, qui a toujours l'air d'une anomalie.

Dans ces conditions, l'éthique nouvelle, n'ayant guère de base pour asseoir un jugement, ne peut énoncer des principes et ne peut qu'émettre des recommandations. En fin de compte, tout dépend effectivement des consciences individuelles et de l'idée que chacune d'elles se fait de la condition humaine, ce qui est rassurant pour l'avenir de la recherche, mais un peu moins pour le nôtre.

« Le génie génétique »

« L'origine de cette expression est incertaine. On peut prendre le mot ''génie'' dans le sens qui est le sien chez les militaires, où il désigne le corps des services techniques de l'armée, ou le rapprocher de son étymologie, le ''genius'' étant chez les Romains la divinité préposée aux naissances. Cette deuxième acception serait plus adéquate que la première, car c'est un fait que le ''génie génétique'' possèdera un jour prochain sur les éléments déterminants de l'être humain des pouvoirs comparables à ceux que les anciens attribuaient à leurs divinités. La prophétie du serpent d'Éden n'était pas aussi menteuse que la tradition le prétend : nous avons mangé du fruit de l'arbre de la connaissance, et nous serons bientôt puissants "comme des dieux", ainsi que le subtil animal nous l'avait promis, puisque nous pourrons agir sur les caractères transmissibles de l'individu. Nous serons en mesure de déceler pour ainsi dire dans l'œuf la cause des maladies héréditaires, donc d'en venir à bout un jour ou l'autre, par exemple en remplaçant un gène défectueux par un autre de meilleure qualité ; par la même occasion, nous pourrons apporter à l'être humain les retouches initiales qui lui feront un organisme parfait, et si tout cela n'est pas pour demain, c'est pour après-demain, n'en doutons pas : la recherche va dans cette direction, et la recherche finit toujours par trouver. Bien entendu, il y aura des échecs, mais tout progrès est à ce prix. »

Cependant, le danger n'est pas que le génie génétique échoue, c'est qu'il réussisse.

Jeunes gens de terminale, aucune des générations qui ont précédé la vôtre n'aura été placée par le destin devant des responsabilités comparables à celles qui vous attendent.

La génération qui est la mienne a eu à faire face à plus d'une mise en demeure de l'histoire. Elle a dû risquer sa liberté pour la liberté, et sa vie pour que la vôtre valût d'être vécue.

Cependant le choix moral était facile, si l'action l'était moins. Au surplus les tyrannies, les révoltes et les guerres ne sont pas choses nouvelles sur la terre, alors que votre génération, jeunes gens, est à la veille d'être placée dans une situation sans précédent. Vous n'aurez pas seulement à lutter pour la vérité, comme Soljenitsyne et les dissidents russes, pour la liberté, comme les résistants européens ou les étudiants chinois, pour la justice, au nom des pauvres et des opprimés ; vous n'aurez pas seulement à défendre la dignité de l'être humain, vous aurez à vous prononcer sur son essence même, sur ce qui le fait différent des animaux, sur le droit que l'on a, ou que l'on n'a pas, d'agir sur lui dès sa conception et même avant, en manipulant ses cellules reproductrices.

Et ne dites pas que je donne dans le cauchemar apocalyptique ou que je verse dans la science-fiction. La science est la première à s'interroger ; elle ressent le besoin d'encadrer dans une morale les pouvoirs exorbitants qu'elle acquiert peu à peu sur l'espèce, mais les comités d'éthique ne réussissent guère qu'à proposer quelques interdits sur le trafic d'organes, la location des ventres maternels ou l'utilisation industrielle des embryons. Sur tout le reste, que peuvent-ils faire ? Ils ne pourraient tenter — vainement, d'ailleurs — de limiter la recherche sans être accusés d'entraver le progrès de la médecine, et ils savent que ce même progrès servira d'alibi à une multitude de manipulateurs qui se livreront aux expériences les plus extravagantes. Le patron d'une équipe de chercheurs réputée ne suggérait-il pas naguère de faire porter les enfants par une femelle de macaque, afin de libérer la mère naturelle des servitudes de la grossesse ? Un prix Nobel de médecine français n'adjurait-il pas récemment ses confrères des disciplines intéressées de ne rien entreprendre sur la transmission du patrimoine génétique, sans obtenir d'autre écho qu'une dizaine de lignes dans un journal ? La limitation des expériences dépendra uniquement de la conscience du chercheur, et de l'idée qu'elle se fait de l'être humain, sujet des plus controversés. La loi sera pratiquement impuissante, à supposer que l'on parvienne à la fixer ; au surplus, elle ne sera pas la même partout.

Croyez-moi, toute expérience possible sera tentée, quand elle devrait produire des monstres. Il suffit, pour en être persuadé, de se rappeler comment l'illustre Rutherford, décidé à précipiter des particules atomiques les unes contre les autres, informa ses correspondants scientifiques de l'heure à laquelle il allait entreprendre cette expérience, alors inédite, et aux résultats imprévisibles.

Vous aurez à vous interroger sur la nature humaine, et si vous n'avez pas oublié l'enseignement de vos Églises, vous vous apercevrez que la seule définition valable que l'on en ait jamais donnée est celle de l'Écriture et de la Révélation, qui est à l'origine de notre civilisation et de ce que nous concédons au moins verbalement, depuis des siècles, à la dignité des personnes. Toute autre définition le rabaisse. Qu'elle fasse de lui un « animal raisonnable », un « animal politique » ou, comme l'ironiste grec, un « animal à deux pattes et sans plumes » c'est toujours un animal, et rien ne s'oppose plus à ce qu'il devienne un animal de laboratoire.

Venir de Dieu lui conférait quelque chose de sacré qui disparaît avec une autre origine ; il conservait l'empreinte de son créateur, et si elle ne suffisait pas toujours à le protéger, quel signe empêchera de le considérer comme un assemblage de molécules modifiable au gré de manipulateurs qui se croiront maîtres de le faire évoluer, et qui d'ailleurs ont déjà inventé le terme d'« évolutique » pour désigner cette nouvelle techno-science de l'évolution dirigée. Nous n'en sommes pas là ? Non, mais nous y allons, et d'un bon pas. Nous avons franchi depuis quelque temps, sans même nous en apercevoir, la frontière du *Meilleur des mondes* d'Aldous Huxley. Si vous ne l'avez pas lu, lisez-le, vous verrez pourquoi nous pouvons dire, sans nul paradoxe, que la réussite du « génie génétique » serait pire que ses échecs : elle nous ferait un homme « parfait », c'est-à-dire fini, satisfait de l'être, sans ces failles et défauts en lui qui maintiennent sa conscience en état de veille et qui l'ouvrent sur l'absolu, un être que l'on dirait aujourd'hui « fonctionnel », précisément adapté à son milieu, agencé pour la jouissance paisible de ses facultés physiques et qui ne se posera pas plus de questions qu'un poulet aux hormones.

La référence à Dieu est indispensable non seulement pour donner de l'homme une définition qui ne le ravale pas et qui rende sa personne inviolable. Déjà on le congèle à l'état embryonnaire, ou on le tue, avec l'approbation de la loi ; déjà, il arrive qu'on lui donne deux mères, l'une qui le conçoit, l'autre qui le porte, sans plus se soucier de ce que l'on nous avait dit naguère sur le mystérieux dialogue de la mère et de l'enfant dans le sein maternel ; on a tenté de greffer un cœur de babouin sur un bébé, qui en est mort : il est tacitement convenu que l'on sollicitera le concours d'un autre animal ; déjà, on greffe des cellules humaines sur des souris : on considérera sans doute l'expérience comme concluante lorsqu'elles iront se faire inscrire à la société protectrice des animaux ; si nous ne sommes qu'un tas de molécules appelé à se dissoudre un jour, pourquoi serait-il interdit d'en changer la forme et la composition ?

Dieu seul peut nous sauver de nous-même. Jamais il n'aura été plus nécessaire. S'il n'existait pas, ce serait le moment de l'inventer. Mais il existe, et c'est le moment de s'en souvenir.

« Le sida »

« On a cru longtemps que cette maladie mortelle ne s'attaquait qu'aux ''groupes à risques'' (homosexuels, drogués victimes d'une seringue infectée), ou, accidentellement, à des patients contaminés par transfusion sanguine.

On sait maintenant que les hétérosexuels, autrement dit les personnes autrefois considérées comme ''normales'', ne sont pas épargnés : par conséquent, la prétendue ''morale naturelle'' ne met personne à l'abri du mal, et en attendant le vaccin qui éliminera le danger, le seul moyen de circonscrire le fléau est l'accessoire préventif auquel la télévision fait depuis quelque temps une large publicité. »

Cependant le sujet est d'une extrême gravité, et l'on aimerait que la vérité nous fût dite sans détour, et sans omission.

Ce n'est malheureusement pas le cas.

On sait très bien, par exemple, quel genre de pratique favorise la transmission de la maladie, mais on ne nous le dit pas.

On veut que l'homosexualité soit une chose normale, et l'on se contredit aussitôt en parlant de « groupes à risques ». D'où vient qu'il y a « risque » à appartenir à ce « groupe » ? On ne nous le dit pas.

On ne nous dit pas non plus que si les accessoires préventifs sont efficaces, ils ne le sont pas plus dans ce domaine que dans celui de la contraception, par exemple ; de sorte que ceux qui en préconisent l'emploi sans assortir leur conseil de la moindre mise en garde prennent une bien grande responsabilité. Ils ne veulent pas, disent-ils se rendre coupables de « non-assistance à personne en danger », et ils mettent en danger ceux qui les écoutent ; car ils ne font qu'encourager les « expériences multiples » qui multiplient les risques.

On prétend que les hétérosexuels sont aussi exposés que les autres ; mais on oublie de préciser, premièrement, que le nombre des malades, chez eux, est très faible ; deuxièmement, qu'ils ne sont généralement atteints que pour avoir été en contact direct ou indirect avec un « groupe à risques » ; troisièmement, on oublie de décompter, parmi eux, les cas de transfusion de sang contaminé, ce qui fait beaucoup d'oublis et d'omissions. Mais ces oublis et ces omissions ne sont pas toujours innocents, et certains cherchent surtout à démontrer que la morale ne sert à rien.

Or ils savent très bien que la plus sûre des protections contre cette terrible maladie est la fidélité, dans l'amour naturel de l'homme et de la femme.

« La liberté »

« Nous sommes tributaires de notre hérédité, de notre milieu, de l'éducation que nous avons reçue ; nous sommes mus par des passions et des pulsions d'origine obscure, notre inconscient, notre subconscient, voire pour certains psychologues notre surconscient, ne laissant à notre lucidité qu'un espace de délibération fort restreint ; l'histoire, la société, les conventions, ceux qui nous gouvernent ou ceux qui nous emploient exercent sur nous une pression décisive ; nous avons très rarement la possibilité de faire ce que nous voulons ; nos limites physiques et intellectuelles réduisent à peu de chose notre pouvoir d'appréciation et d'expression, contenu en outre par des lois de plus en plus nombreuses et contraignantes ; notre religion nous vient généralement de notre entourage, qui l'a reçue lui-même par voie de succession, et nos idées, qui ne sont le plus souvent que le reflet de la pensée diffuse de notre époque, sont par surcroît orientées par les médias ; si l'on pouvait analyser les causes profondes de nos décisions, on s'apercevrait qu'il n'en est pas une seule qui ne soit le résultat d'instincts, d'appétits, de craintes ou de mouvements intérieurs dont nous ne sommes pas maîtres ; où est notre liberté ? »

Cependant, toutes les contraintes que nous venons d'énumérer prouvent bien que notre liberté existe, puisqu'elle s'en plaint.

On distingue avec raison la liberté et les libertés. Celles-ci, définies par la Déclaration des droits de l'homme, ont été niées, violées, bafouées un peu partout avant d'être revendiquées aujourd'hui comme un dû par la jeunesse du monde entier, ce qui devrait leur assurer un certain avenir. Ce ne sont pas elles qui sont en question ici, mais « la » liberté, c'est-à-dire le pouvoir que l'être humain possède, ou ne possède pas, d'agir sans être prédéterminé à faire ce qu'il fait.

Cette liberté-là existe. Elle ne consiste pas à faire ce que l'on veut, mais aussi ce que l'on ne veut pas, par sagesse, par respect d'autrui, et souvent par amour, principe premier de tout ce qui est, fut, ou sera. Elle surmonte toutes les tendances, les penchants, l'intérêt propre, l'égoïsme, elle vainc tout ce qui peut en effet « conditionner » l'être humain et elle brille d'un magnifique éclat dans le renoncement à soi-même en faveur de l'autre, ou des autres. Elle a le don de soi pour devise, et pour insigne la croix du Christ.

En ce sens elle est un combat. La liberté est le nom de guerre de la charité.

« Faut-il baptiser les petits enfants ? »

« Il semble plus raisonnable d'attendre qu'ils soient en âge de choisir une religion en pleine connaissance de cause, et de répondre aux questions qu'elle leur pose par eux-mêmes et non par l'entremise d'une marraine et d'un parrain. A quoi bon demander à un bébé s'il croit en Dieu, alors qu'il ne sait pas encore parler. De quel droit lui impose-t-on une foi qu'il n'est pas en état de comprendre, et qu'il rejettera peut-être lorsqu'il le sera ? De plus, la connaissance des vérités chrétiennes est pour le moins aussi longue à acquérir que celle des mathématiques élémentaires, et l'on ne saurait donner son adhésion sans savoir précisément à quoi l'on adhère. L'âge de la majorité légale est sans doute l'âge convenable pour proposer le baptême, à condition, bien entendu, que celui-ci ait été préparé par une formation adéquate sous la responsabilité conjointe des parents et des enseignants. D'ailleurs, les premiers chrétiens se faisaient baptiser très tard, et quelques-uns attendaient même la dernière minute pour solliciter ce sacrement. »

Cependant Dieu dit en la personne de Jésus-Christ : « Laissez venir à moi les petits enfants. »

On dira que dans la scène de l'Évangile rapportée ici, les enfants allaient d'eux-mêmes vers le Christ, et non sous la conduite d'un parrain ou d'une marraine, ce qui semble venir à l'appui de l'objection soulevée plus haut, mais il est peu probable qu'ils aient été instruits des vérités chrétiennes, et le Christ savait fort bien lui-même qu'ils étaient attirés par sa personne, plutôt que par sa doctrine.

L'Église n'est pas un parti chargé de fournir des militants à la politique de Dieu. Le bon ordre des choses est tout différent. C'est Dieu qui confie des enfants à l'Église, à charge pour elle de les élever dans l'amour de sa personne et le respect de ses commandements. L'âge importe peu. Un bébé n'est pas plus perplexe qu'un adulte devant le saint-sacrement. Peut-être même, qui sait, l'est-il moins.

Quant à l'argument suivant lequel on ne saurait « imposer » à un enfant une religion dont il n'est pas en état de débattre, il est sans valeur. On donne du lait à un enfant avant qu'il soit en âge de choisir le whisky, et on lui apprend le français sans savoir s'il ne préférerait pas l'espagnol.

Enfin, à dix-huit ans ou à vingt ans la jeunesse est généralement préoccupée de tout autre chose que de religion, et la « pleine connaissance de cause » dont on voudrait faire une condition du baptême est une exigence impossible à satisfaire : personne n'a une « pleine connaissance du christianisme », excepté son fondateur.

« La connaissance est-elle un mal ? »

« La religion a toujours tenu la connaissance en suspicion, comme on peut le voir dans le récit de la Genèse dont il est question plus loin, et où l'on voit qu'il est interdit à Adam et Ève de toucher à ''l'arbre de la connaissance''. Le traitement réservé aux savants humanistes de la Renaissance démontre cette aversion fondamentale. Pascal, esprit scientifique, ne disait-il pas d'ailleurs à ceux de son temps qui cherchaient la foi : ''Abêtissez-vous'' ? Il voyait bien qu'il était impossible de concilier le savoir et la religion. »

Cependant, la première, la plus haute et la plus belle

de toutes les connaissances est la connaissance de Dieu.

La Bible parle précisément de « la connaissance *du bien et du mal* » qui devait, selon le serpent tentateur, nous rendre pareils « à des dieux ». Il s'agit moins d'une connaissance que d'un pouvoir, celui de définir souverainement le bien et le mal absolus. Se croire en mesure de le faire est une illusion meurtrière, l'histoire des idéologies ne laisse aucun doute à cet égard : elles n'ont pas fait « des dieux », mais des esclaves qui ont toutes les peines du monde à se dégager de leurs chaînes, justement avec l'aide de la religion.

Les démêlés de l'humanisme et des gens d'Église tenaient à la propension de ceux-ci à régenter toutes les activités de l'intelligence, y compris ceux où ils n'avaient pas de compétence. Ils sont si bien revenus de cette erreur que nombre d'entre eux n'osent même plus se prononcer dans leur domaine propre.

La religion n'a jamais été l'ennemi de la connaissance. Elle lui demande simplement de ne pas se réduire elle-même aux données du sensible.

Quant au conseil de Pascal, il s'adressait à des gens qui n'avaient pas eu besoin de l'entendre pour le mettre en pratique.

Des montagnes de cadavres et des fleuves de larmes témoignent que l'homme est incapable de déterminer seul le bien et le mal. La Bible le lui crie du fond des âges, preuves à l'appui, mais il ne l'entend pas, ou il dédaigne ses avertissements : « jolies fables, dit-il, pieuse imagerie », et il retourne à ses rêves, et à ses hécatombes.

« Le péché originel » (I)

« Cette doctrine judéo-chrétienne qui prétend expliquer le mal et le désordre du monde par une faute initiale imputable à Adam et Ève et commise en un lieu mystérieux dit "le paradis terrestre", est contraire à la théorie de l'Évolution, désormais scientifiquement établie. En effet, l'Évolution postule un passage laborieux et irrésistible de l'élémentaire au complexe qui écarte l'idée d'une chute, impossible à insérer dans ce processus, au bénéfice d'un progrès et d'une sorte d'ascension continue vers des formes de vie de plus en plus riches. La doctrine du péché originel est une tentative d'explication métaphysique du malheur des hommes, contredite par l'observation de la nature. »

Cependant, on ne voit pas l'avantage qu'il peut y avoir à remplacer un dogme par un autre.

Si l'on ramène l'évolution à ce constat banal qu'il y a du changement dans le monde, et même des métamorphoses comme celle du têtard en grenouille, ou de la chenille en papillon, personne ne songera à nier cette évidence. Mais si l'on prétend faire de l'« Évolution » une sorte de métaphysique fondamentale de l'univers, alors nous sommes en droit de nous demander si l'on ne nous croit pas encore un peu plus demeurés que nos sentiments religieux ne permettent de le penser.

Il n'y a pas un, mais plusieurs évolutionnismes, et qui ne se ressemblent pas. Le transformisme de Lamarck n'est pas l'évolutionnisme de Darwin, modifié par le néo-darwinisme, mais tous les évolutionnismes constitués en théories scientistes ont un point commun : ils attribuent tous à la nature une aptitude essentielle à aller du simple au composé qui lui permet d'élaborer sans but ni raison des organismes de plus en plus complexes ; cette faculté de « complexification » jouerait dans la nature le même rôle que dans le sommeil la vertu dormitive de Molière. Il y a dans l'évolutionnisme scientiste une puissance comique inexploitée, bien faite pour réjouir les cœurs simples. C'est « un conte de fées pour grandes personnes », disait Jean Rostand, évolutionniste lui-même, faute d'avoir trouvé mieux, et persuadé qu'il était que les questions les plus aiguës de l'esprit humain ne recevraient jamais de réponse. Il faut croire que les grandes personnes ne sont pas plus exigeantes que les enfants sur le conte de fées, puisqu'elles ont pu, sans sourciller, entendre Jacques Monod dire : « C'est parce que les ancêtres du cheval avaient choisi de vivre dans la plaine, et de fuir à l'approche d'un prédateur... que l'espèce moderne marche aujourd'hui sur le bout d'un seul doigt[1]. » Appliquée avec une rigoureuse exactitude à travers les âges, cette décision de galoper sur un doigt n'a pas été adoptée par tout le monde, on se demande bien pourquoi.

Qu'on laisse encore un peu de temps au cheval, et il se ferrera lui-même ; que le Pari mutuel dure encore quelque temps, et il changera deux ou trois de ses vertèbres en jockey. Excellent aussi le conte de fées du poisson évolutionniste qui avait résolu d'aller prendre l'air : sorti de l'eau, il a commencé à durcir ses nageoires ventrales pour mieux courir sur le rivage. On ne sait pourquoi il s'est abstenu de déployer sa nageoire dorsale en parasol, pour profiter plus agréablement de la plage pendant les millions d'années où il ne serait plus d'une espèce, sans être encore de l'autre.

Si la nature avait adopté la théorie évolutionniste, elle n'aurait jamais eu assez de temps devant elle pour atteindre ses objectifs, qui lui étaient d'ailleurs inconnus, par le simple jeu du hasard et de la nécessité. Mais elle n'est pas évolutionniste, elle préfère les métamorphoses, et elle change le têtard en grenouille en quinze jours. Je n'ai pas besoin de vous dire qu'elle est entièrement dans son tort.

---

1. Cité par M. Rémy Chauvin dans son dernier livre *Dieu des fourmis, Dieu des étoiles,* Le pré aux clercs.

Les délais de livraison des espèces sont plus longs en astrophysique, où ils se comptent en milliards d'années. « Au commencement était le Verbe », dit l'Évangile. « Au commencement était la soupe », dit l'astrophysique. Le formidable déploiement d'énergie consécutif au « Big Bang », dont nous avons déjà parlé, aurait produit un potage de particules en vertu du principe de convertibilité de l'énergie en matière. Cette naissance de l'univers matériel aurait eu lieu en un instant extrêmement bref, il y a dix, quinze ou vingt milliards d'années. La suite est beaucoup plus laborieuse. Les particules originelles, par l'effet de la sympathie et de la confiance qu'elles s'inspirent, sans impulsion ni direction extérieures, auraient commencé à s'associer, à se combiner entre elles de manière à former, de « quarks » en atomes, d'atomes en molécules, des architectures de plus en plus compliquées et variées jusqu'à réussir, après des milliards d'années d'efforts soutenus, à composer un professeur d'astrophysique avec des lunettes et une moustache. C'est du merveilleux à l'état pur. La doctrine de la création ne demandait qu'un seul miracle à Dieu. Celle de l'auto-création du monde exige un miracle par micro-seconde.

Dans une histoire qui fait de l'homme un arrière-petit-neveu de la limace ou du ver de vase, eux-mêmes issus d'une longue coalition de particules ingénieuses et persévérantes, il n'y a certes pas plus de place pour une « chute » que pour un « paradis terrestre ».

Mais le dogme judéo-chrétien de la création et du péché originel a tout de même un avantage sur la magie permanente du dogme scientiste : il est beaucoup plus raisonnable.

« Le péché originel » (II)

« On l'a déjà dit, le ''péché originel'' est une fable instructive, et non un événement historique. Nulle trace d'un paradis perdu n'a été relevée sur l'écorce terrestre ; par contre, on en trouve de nombreuses dans les mythologies orientales. Il est impossible de croire à Adam et Ève quand on sait que l'homme descend du singe, ou plutôt qu'il en monte et que son ascension n'est pas terminée : dans deux ou trois millions d'années, les anthropologues considéreront nos débris avec la condescendance attendrie qui est la leur devant les restes de Lucy, la petite bonne femme reconstituée dont l'image touchante figure à la première page de notre album de famille.

D'autre part, l'idée d'un péché initial, qui aurait corrompu à la fois l'homme et la terre entière, et dont les effets désastreux se seraient prolongés d'âge en âge à travers d'innombrables générations d'innocents est contraire à la justice et à l'enseignement des Églises sur la miséricorde divine. Dans cette hypothèse de la chute originelle, on ne comprend pas non plus que ce Dieu dont vous chantez sans cesse l'exquise douceur poursuive jusque sur le Calvaire le remboursement de la dette morale contractée par l'humanité à son égard.

Bref, de tous les points de vue, la doctrine du péché originel est absurde et l'on conçoit sans peine que la théologie moderne ait renoncé à la développer. »

Cependant, ou l'intelligence part de ce que l'on vient d'appeler l'absurde, ou elle va à l'absurde. Ou bien elle acquiesce à la révélation contenue dans la Genèse, et l'histoire prend un sens, ou bien elle refuse ce point de départ, et après avoir erré plus ou moins longtemps, elle se heurte à l'absurdité d'un monde sans cause, sans destination, s'élaborant sans motif par l'effet d'un hasard se corrigeant lui-même à tâtons, sourd à l'interminable gémissement de l'innocence et voué à la nuit. L'« absurdité » du péché originel ouvre une immense espérance, l'absurdité du hasard et de la nécessité, ou de toute autre tentative d'explication du monde qui rejette Dieu est totale, définitive et sans remède. Elle laisse la conscience humaine seule avec elle-même, et avec la mort.

Le caractère inspiré de la Bible ne me laissant pas

le choix, je considère que dans la Genèse Dieu me donne sa version des faits : comment ne l'accepterais-je pas ? Je m'aperçois d'ailleurs tout aussitôt qu'elle contient absolument tout ce qu'il importe de savoir sur la condition humaine, dans un langage délicatement accordé à ma faiblesse. Lorsque Dieu me dit « Adam et Ève », je pense « Adam et Ève », car la foi consiste à apprendre à penser comme Dieu. Peut-être, pour lui, n'a-t-il jamais existé qu'« Adam et Ève », répétés à 80 milliards d'exemplaires depuis le commencement des temps, ce qui est peu de chose comparé au nombre des étoiles. Je ne vois pas l'intérêt de mêler un singe à cette histoire-là ; du reste, je signale en passant que la formule « l'homme descend du singe », qui date du XIXe siècle, est du biologiste Haeckel, et qu'elle est jugée aujourd'hui malencontreuse et inadéquate, bien qu'elle soit encore révérée comme un dogme par quantité de gens qui lui voient le double avantage de les soustraire au divin, et de leur donner le genre de satisfaction qui est celui du *self made man* « parti de rien ».

Mais peut-être est-il bon de citer quelques passages de ce livre sans égal. Genèse I, 26 : « Puis Dieu dit : Faisons l'homme à notre image, selon notre ressemblance » ; 27 : « Et Dieu créa l'homme à son image, il le créa à l'image de Dieu, homme et femme il le créa. »

Ces quelques lignes coïncident à merveille avec l'esprit de contradiction juif, dont elles sont peut-être la source, et qui voit en l'homme une image de Dieu, alors que les peuples païens faisaient plutôt des dieux à l'image de l'homme ou de quelque autre animal plus ou moins soyeux. Elles entraînent bien des conséquences, parmi lesquelles on a l'embarras du choix. Pour le moment on en retiendra cinq :

— Il est paradoxal que la religion la plus intraitable sur l'inaccessible grandeur de Dieu, dont elle craint même de prononcer le nom, ait été aussi la seule à proposer une « ressemblance » entre l'homme et son créateur. Nul génie humain n'eût osé pareille assertion, qu'il est permis et même tout indiqué de considérer comme une révélation.

— Ce passage de la Genèse est à rapprocher de l'épisode évangélique du tribut à César : des personnages malveillants demandent au Christ si les juifs doivent payer tribut. Qu'il réponde « oui » ou « non », et il s'attire, soit le mépris de l'opinion, soit la colère de l'occupant. Mais il se fait montrer une pièce de monnaie, demande de qui est l'effigie portée sur cette pièce, et comme on lui répond « de César », il a cette sentence célèbre : « Rendez à César ce qui est à César, et à Dieu ce qui est à Dieu. »

Or nous sommes « à l'image de Dieu », en quelque sorte à son effigie. Donc nous sommes à rendre à Dieu intégralement. La méconnaissance de cette obligation, d'ailleurs délicieuse, est à l'origine de la plupart de nos maux. Nous rendons le moins possible à Dieu, et nous nous faisons le César de notre propre personne.

— Il suit de là, et si nous sommes une effigie, que notre « original » est en Dieu. C'est en lui, et en lui seul que nous trouverons un jour notre identité : ce sera « le nom nouveau » dont parle l'Apocalypse. Il sera lumière et nous définira pleinement dans notre irremplaçable singularité. Inutile de chercher ailleurs. Nul, si ce n'est Dieu, ne pourra jamais nous dire qui nous sommes.

— De ce que nous sommes « image et ressemblance », il suit également qu'il existe en nous une aptitude à l'infini que rien ne pourra jamais satisfaire, quand on déverserait en nous la terre entière et la masse des étoiles. Cette aptitude est ce que nous appelons l'« esprit », qui n'a pas d'autre interlocuteur valable que Dieu, et qui ne peut que nier tout ce qui n'est pas lui.

Tout le drame de notre condition est inclus dans ces courts versets de la Genèse, qui nous apprennent que nous avons été créés « à l'image » de notre créateur, et tirés par lui de la poussière. Ils expliquent ce désir de dépassement qui est en nous, et qui a tant de peine à mouvoir le bloc de poussière que nous sommes ; l'intime disjonction que nous vivons tous les jours entre nos élans et nos chutes, cette lumière invisible qui nous attire et cette argile qui nous retient, ce débat permanent qui nous agite entre un absolu auquel nous ne pouvons nous empêcher de croire, et cette médiocrité mal résignée qui se console en se cuisinant des petits plats culturels, ce combat en nous sans cesse recommencé entre l'être et le néant, l'espoir et le désespoir, auquel nous tentons de mettre un terme par des paix de compromis qui compromettent tout, contradictions qui aboutissent le plus souvent à creuser sous nos yeux un écart décourageant entre la joie, qui nous est promise, et la souffrance, qui est là.

— Être « à l'image de Dieu » n'est évidemment pas une affaire de configuration, ni même d'intelligence ou de volonté. Elle ne semble même pas en rapport avec l'une ou l'autre des facultés qui résultent de notre organisation physiologique, et que l'on retrouve chez les animaux, à un degré bien moindre, certes, mais déjà perceptible. Il faut chercher plus avant une caractéristique que l'on ne rencontre nulle part ailleurs que chez l'être humain, et cette caractéristique unique dans la nature est cette étonnante, cette miraculeuse aptitude à la charité, qui nous rend capables d'aimer avec désintéressement, d'un amour qui ne soit dicté ni par le sang, ni par l'instinct, ni par un quelconque désir d'appropriation, un amour détaché qui s'enrichit de tout ce qu'il donne, qui ne vit pas pour soi, mais pour l'autre, et le fait exister. La voilà l'image, la voilà la ressemblance avec Dieu, amour sans limites ni réserve, éternellement renouvelé par sa propre effusion.

Il va — presque — sans dire que cette ressemblance inclut la liberté, car que serait un amour nécessaire, sinon une servitude ? La liberté n'est pas une valeur ajoutée à notre équipement moral, hypothèse conduisant à l'impasse métaphysique du « libre-arbitre », qui a donné bien du souci aux philosophes, quand il y avait encore des philosophes et qui ne se nourrissaient pas exclusivement d'épluchures de vocabulaire. La liberté est à l'amour, dont elle est indissociable, ce que les notes sont à la musique. Sa première manifestation connue est le « péché originel », dont la doctrine est malheureusement délaissée par les penseurs chrétiens, qui se croient, je ne sais pourquoi, tenus d'épouser les idées de leur siècle chaque fois que celui-ci vient d'en divorcer. On nous dit que le « péché originel » est une parabole, un mythe, un conte spirituel. Peu nous importe. De toute façon, tout vient de l'esprit, y compris la matière, et les chrétiens devraient savoir cela, qui chantent dans le *Credo* « l'Esprit qui est Seigneur et qui donne la vie ». De plus, le récit de la Genèse est pour nous la plus extraordinaire condensation de vérités en images que l'on puisse rencontrer dans la Bible jusqu'à l'Évangile, et nous la prenons — avec gratitude — telle que Dieu nous l'offre.

La doctrine du péché originel étant tombée dans les oubliettes de la conscience religieuse contemporaine avec le péché tout court, qui nous rappelle son existence d'une voix de plus en plus faible, peut-être est-il bon de résumer l'histoire de ce moment fatal. Disons tout de suite que nous sommes parfaitement indifférents au genre littéraire du récit, et que nous nous inquiétons fort peu de son caractère symbolique, allégorique, historique ou fabuleux, comme de la date à laquelle il a été écrit, et sur quelle sorte de support, en cire, en papyrus ou en peau de chèvre. Ce qui nous attire c'est la vérité divine qu'il contient, et qui passe à travers des images qu'il faut se garder de détruire si l'on ne veut pas la mettre en fuite.

Donc, Adam et Ève (pardonnez cette digression supplémentaire, mais l'hypothèse d'un couple humain originel n'est plus du tout rejetée par les scientifiques) sont placés dans un jardin exquis, dont les uns parmi nous gardent une vague nostalgie dans un recoin de leur vie intérieure, tandis que les autres en reportent les délices identiques au monde meilleur qu'ils se proposent de construire. Adam et Ève sont alors très saints, ils vivent dans une durée qui n'est pas la nôtre, car elle est encore très proche de l'éternité, et dans un état de langueur ou d'attente assez perceptible dans le récit, sans doute à cause de l'absence de dialogue : avant le péché Dieu seul parle, Adam et Ève ne répondent pas. Ils peuvent manger du fruit de tous les arbres du jardin, excepté celui « de la connaissance du bien et du mal ». Car Dieu dit, « si vous en mangez, vous mourrez ». Ce n'est pas une menace, c'est un avertissement. Cet arbre de la connaissance est le premier arbre de la liberté. Adam et Ève étaient libres de s'« abstenir », pour l'amour de Dieu, et en ce cas ce monde eût été un autre monde ; ils étaient libres de passer outre et c'est ce qu'ils ont fait à l'instigation du serpent, ce faux-trait de la nature, ce signe de la soustraction, cette illusion moirée et fuyante qui ne s'exprime plus que par le chuchotis de la colère sifflante. Ils ont acquis par « la connaissance du bien et du mal » une autonomie morale qui a eu pour effet de les séparer de Dieu, et de les soumettre à l'ordre naturel des choses, à ce temps qui ne ménagera pas leur poussière et fera d'eux cet être fugace dont « les jours passent comme l'herbe ».

Telle fut cette faute originelle dans laquelle on a vu un triple péché « de concupiscence, de désobéissance et d'orgueil ». On me pardonnera de ne pas trouver ces inculpations adéquates. La concupiscence se rapporte principalement au plaisir sensuel, qui est lié à l'union des êtres, et l'on n'imagine pas le créateur condamnant la chair aussitôt après avoir invité ses créatures à croître et à multiplier. On a tant insisté sur cette « concupiscence » que l'on a fini dans la suite des temps par assimiler le péché originel au « péché de la chair », et à lui seul. La « désobéissance » évoque la vie militaire, et appelle la salle de police, plutôt que cette peine inextinguible étendue à toutes les garnisons jusqu'à la fin des temps. Quant à l'« orgueil », il ne semble pas qu'il rende exactement compte de l'état d'esprit des fautifs, où l'on croit apercevoir plus de curiosité que de suffisance ; leur attitude n'est pas celle du défi.

Sans doute faut-il chercher plus loin, peut-être ce jour-là l'être humain s'est-il choisi lui-même, usant de sa liberté contre l'amour et faisant en quelque sorte mentir l'image de Dieu qui est en lui et dont on a vu qu'elle est une pure disposition à la charité. C'est alors qu'il a perdu la lumière dont la présence de Dieu le revêtait : « Ils virent, dit la Bible, qu'ils étaient nus », c'est-à-dire réduits à leur argile. Ainsi naquit la conscience de soi comme solidifiée dans ce « moi » dont il nous est si difficile de sortir pour aller vers l'autre, les autres, et Dieu ; ainsi deviennent-ils ce que nous appelons des « personnes », et c'est effectivement à ce moment que le dialogue commence dans le texte. Ce péché de l'esprit contre l'esprit provoque l'effacement de Dieu, et l'obscurcissement de son image en nous.

Adam et Ève ne sont pour autant ni corrompus, ni viciés dans leur être. Privés de la présence immédiate de Dieu, ils sont livrés aux causes secondes d'un univers inachevé, car le péché originel a interrompu l'œuvre divine : « Dieu vit que cela était bon », dit la Genèse, et non pas : « Dieu vit que cela était parfait », puisqu'il restait à Adam à emplir et dominer la terre.

Mais — et voici le miracle du génie divin — c'est de notre imperfection même que naîtra la charité, qui n'existerait pas dans l'histoire d'un monde parfait et prédéterminé au bien. La charité, qui ne se trouve que dans l'être humain, et ne se rencontre jamais dans la nature, passe par nos différences et nos inégalités, entre celui qui a et celui qui n'a pas, entre le plus et le moins, le malade et le bien-portant, le prisonnier et son visiteur, elle éclot dans la pitié d'un regard, elle brûle dans les cœurs sensibles à la peine des autres, elle vibre dans la compassion, sa note la plus profonde, elle surgit du remords, elle dissipe les ombres dans la rafale de joie du pardon, et elle apparaît, mystérieuse et parfaitement lisible, dans le sourire du tout petit enfant, qui dit, alors même qu'il est encore incapable de parler, qu'il y a en lui le désir d'aimer et d'être aimé. La conscience de son inachèvement maintient l'être humain ouvert du côté de l'infini, et les épreuves que lui inflige le désordre du monde ou de sa propre vie l'empêchent de se refermer. C'est en ce sens, je crois, que l'on peut dire que Dieu a tiré du mal que fut le péché ce plus grand bien : la faculté de nous régénérer dans l'amour. Celui-ci depuis la sortie du jardin appelait Jésus-Christ, qui en adoptant notre condition était seul à pouvoir rendre sa limpidité à l'image de Dieu qui est en nous, et nous faire aptes à cet échange d'identité entre Dieu et sa créature qui est l'aboutissement de la vie chrétienne.

Quant aux preuves du péché originel, elles sont superflues. Il suffit de se regarder le matin à jeun dans une glace pour constater qu'il y a quelque chose, à n'en pas douter, qui a cloché dans le monde. Ce « péché originel », nous le commettons chaque fois que notre égoïsme refuse ce qui pourrait lui coûter, et même ce qui ne lui coûterait rien du tout : le « péché originel » pourrait s'appeler le péché initial, car il est à la racine de tous les autres. Mais Dieu est Dieu, et si acharnés que nous soyons à les dégrader, je pense, je crois, j'espère, pour l'amour de sa beauté, qu'il ne laissera perdre aucune de ses images.

« Pourquoi y a-t-il de l'injustice dans le monde ? »

« Il y a dans le monde de l'injustice, de l'oppression, de la répression, des violences et toutes sortes de maux qui n'existeraient pas si Dieu était aussi bon que vous le dites. Vos prédicateurs ne saluent-ils pas volontiers en Dieu "le maître de l'histoire" ? Donc, nos malheurs sont de son fait, soit qu'il les veuille, soit qu'il les permette. »

Cependant, il est indécent de reporter sur Dieu la responsabilité de nos fautes et de nos crimes. S'il intervenait dans chacun de nos actes, c'est alors que Karl Marx aurait eu raison d'accuser la religion d'être

« aliénante », car nous serions incapables, non seulement de faire le mal, mais encore de faire le bien de notre propre initiative : nous cesserions d'être des personnes, nous ne serions plus que des molécules du vaste univers et nous mènerions l'existence des corps célestes qui ne communiquent entre eux que par la loi de la gravitation. Cette manie d'organiser la vie des individus de telle manière qu'ils n'aient jamais le choix n'est le propre que des dictatures.

Si nous mettions en pratique les deux commandements de l'Écriture : « Tu aimeras Dieu, tu aimeras ton prochain comme toi-même », dont le Christ nous a dit qu'ils résumaient la loi et les prophètes, il n'y aurait ni injustices, ni violences dans le monde.

Quant à l'expression « le maître de l'histoire », elle est à proscrire pour la terrible ambiguïté qu'elle contient, et qui semble, pour le moins, associer Dieu à nos infamies. L'histoire humaine, c'est « le bruit et la fureur » dont parle Shakespeare, elle n'implique pas Dieu qu'elle rejette au contraire de toutes ses misérables forces depuis le commencement des temps. S'il est vrai que Dieu est entré dans notre histoire par Jésus, le Christ, ce n'est certes pas pour y prendre le pouvoir mais plutôt pour abandonner le sien, pour chercher, éveiller, ranimer et recueillir la foi, qui est en nous la réplique obscure et sans prix de sa propre générosité.

« Qu'y a-t-il après la mort ? »

« Il semble qu'il n'y ait rien. En effet, on ne discerne chez un mort aucun élément immatériel de survie qui échapperait au processus de décomposition. "Je n'ai pas trouvé l'âme sous mon scalpel", disait Claude Bernard. On ne la trouve guère non plus dans le discours religieux, tant la notion est imprécise et peu localisable dans l'être humain. On a renoncé du même coup à l'imagerie moyenâgeuse du "ciel" où les âmes bienheureuses se mouvaient autour de Dieu en agitant mollement des palmes et en chantant des cantiques, activité monotone dont Descartes craignait de se lasser. Du reste, l'Église paraît hésitante sur ce chapitre, puisqu'elle invite à l'espérance d'une part, et que d'autre part elle appelle sur les défunts la grâce du ''repos éternel''. Nous avons aujourd'hui une religion beaucoup plus raisonnable, qui entend consacrer ses forces à réaliser sur cette terre ce ''monde meilleur'' que l'on situait autrefois dans les cieux. »

Cependant le Christ a dit : « Heureux ceux qui pleurent, car ils seront consolés. » Qui les consolera, si ce n'est lui, et comment le seraient-ils, sans ceux qu'ils ont aimés ?

Les objections ne tiennent pas.

— « Siècle à mains », disait Rimbaud de son temps, et il faut bien constater que le XIXe siècle scientiste avait la main particulièrement grossière. Un élément immatériel échappe par définition à la prise et au bistouri. Si Claude Bernard avait trouvé une âme sous son scalpel, il eût porté un rude coup à la religion.

— Descartes craignait effectivement de s'ennuyer à contempler Dieu « dix mille ans ». L'idée claire et distincte ne lui est jamais venue que Dieu pourrait s'ennuyer beaucoup plus tôt à contempler Descartes. Notre grand arpenteur des limites du bon sens ignorait tout de la contemplation, qui n'est soumise ni au temps, ni à l'étendue, ni aux règlements du bureau des poids et mesures.

— Les matérialistes se complaisent à prêter à nos ancêtres des erreurs qu'ils ne commettaient pas, et dont ils triomphent aisément. Ainsi sourient-ils avec condescendance de la naïveté des anciens, qui d'après eux croyaient que la terre était plate comme un guéridon. Or les anciens savaient fort bien que la terre était ronde, et Aristote lui prêtait même la forme renflée d'une poire.

De même, on se moque de ce paradis que les peintres logeaient au-dessus des nuages, dans un ciel dont les matérialistes, espèce touchante, croient savoir qu'il est vide de toute présence.

Mais le ciel est l'univers spirituel de Dieu. Et non seulement il existe, mais il nous entoure, il nous enveloppe et il nous traverse, comme nous le sommes sans cesse à notre insu par quantité de rayons et même de particules qui ne nous sont pas moins insaisissables.

— Nous avons certes le devoir de travailler à la construction d'un monde meilleur, et en réussir un moins mauvais serait déjà un résultat appréciable. Mais il serait absurde de réduire nos espérances à un aménagement plus satisfaisant de cette terre, en passant par profits et pertes tous les malheurs du passé et du présent, comme s'il ne s'agissait que des déchets inévitables de nos futurs accomplissements politiques. Toutes ces larmes, tout ce sang dont notre histoire déborde, n'auraient servi qu'à bâtir une cité terrestre idéale, dont l'inauguration serait constamment remise à une date ultérieure ?

Et je rappelle que dans l'Apocalypse la nouvelle Jérusalem descend du ciel, et ne monte pas de la terre comme une autre Babel promise à l'effondrement.

Enfin, lorsque l'Église parle de « repos éternel » elle pense à notre pauvre corps, que l'on va déposer pour un temps indéterminé dans l'un de ces cimetières qui ne sont que les vestiaires de la résurrection.

Qu'y a-t-il après la mort ?

A s'en tenir à la foi, qui croit à la résurrection, et à la raison, restreinte au périmètre des sens, la réponse est simple : la mort est un clin d'œil.

Les yeux de la chair se ferment sur ce monde et s'ouvrent aussitôt sur la résurrection, les siècles n'entrent pas en ligne de compte, le temps étant aboli. Voilà pour le corps ce que peut dire la foi quand on la contient dans les bornes de l'observation matérielle, ce qui n'est d'ailleurs pas un service à lui rendre.

Mais l'être humain n'est-il qu'un corps, un condensé de molécules un jour ou l'autre dispersées par le vent ? La foi en sait davantage par la révélation et l'expérience mystique peut en dire plus.

La foi a appris par le Christ que « l'œil n'a pas vu, l'oreille n'a pas entendu, ce que Dieu a préparé pour ceux qui l'aiment ». Attentive à toutes les paroles de l'Évangile, elle garde dans son cœur une parole, dont on ne tire généralement pas tout le sens qu'elle contient. Interrogé par les Sadducéens sur la résurrection, à laquelle ils ne croyaient pas, Jésus leur dit ce que nous serons lorsque tout sera accompli, et il ajoute ces mots dont on ne mesure pas toujours la portée, peut-être parce qu'il les énonce comme une banalité scripturaire : « D'ailleurs, Dieu n'a-t-il pas dit à Moïse, je suis le Dieu d'Abraham, d'Isaac et de Jacob ? Il est donc le Dieu des vivants. » On en conclut le plus souvent qu'il est le Dieu de la vie, non de la mort, alors qu'il vient de nous livrer comme par mégarde un secret sans prix : Abraham, Isaac et Jacob sont toujours vivants, bien qu'ils aient disparu depuis longtemps, cette mort qui est une dure réalité pour nous n'existe pas pour Dieu ; tout être à son image porte un nom, qui exprime sa personne, et cette image est ineffaçable, ce nom, Dieu ne l'oublie jamais, et cette personne, qu'elle ait eu un instant ou un siècle de vie, comment ne vivrait-elle pas en lui, quand elle survit dans notre chétive mémoire ?

Quant à l'expérience mystique, elle donne la certitude qu'« après la mort » il y a Dieu, et ce sera, je vous en réponds, une fameuse surprise pour beaucoup. Ils s'apercevront, avec l'étonnement qui fut le mien le jour de ma conversion, et qui dure encore, qu'il y a « un autre monde », un univers spirituel fait de lumière essentielle d'un éclat prodigieux, d'une douceur bouleversante, et du même coup tout ce qui leur paraissait invraisemblable la veille leur paraîtra naturel, tout ce qui leur semblait improbable leur deviendra délicieusement acceptable et tout ce qu'ils niaient leur sera joyeusement réfuté par l'évidence. Ils s'apercevront que toutes les espérances chrétiennes étaient fondées, même les plus folles, qui ne le sont pas encore assez pour donner une juste idée de la prodigalité divine. Ils constateront, comme je l'ai constaté, que les yeux de la chair ne sont pas nécessaires pour recevoir cette lumière spirituelle et enseignante, qu'ils nous empêcheraient plutôt de la voir, et qu'elle illumine en nous une part de nous-même qui ne dépend nullement de notre corps. Comment cela se peut-il ? Je ne sais — je ne sais pas du tout — mais je sais que ce que je dis est vrai.

« La souffrance »

« On a dit avec raison, et l'on répète souvent aujourd'hui, jusque dans les églises, que "la souffrance n'a pas de valeur en soi". Son action est purement négative. Elle affaiblit, elle dégrade, parfois même elle avilit l'être humain. Elle réduit son autonomie, quand elle ne l'annihile pas pour le rendre entièrement dépendant d'autrui. Elle trouble, déforme ou éteint ses facultés, elle le mène au désespoir ou, dans le meilleur des cas, à une résignation aux aguets où, comme tapi au plus profond de lui-même, il n'attend plus que la face creuse de la délivrance, qui sera sa dernière visite. C'est la pierre d'achoppement de toutes les sagesses et de toutes les religions : les plus prudentes la contournent, ou font semblant de ne pas l'apercevoir. Elles savent bien que la souffrance, et en particulier la souffrance des innocents, est injustifiable et incompatible avec l'hypothèse de Dieu, à moins de faire de celui-ci l'être indifférent et lointain à qui Baudelaire, sans grand espoir d'être entendu, résumait toute l'histoire de l'humanité dans les terribles vers où il évoque "cet ardent sanglot qui roule d'âge en âge, et vient mourir au bord de votre éternité".

Non seulement la souffrance est à combattre, ce dont personne ne disconvient, mais si l'on ne veut pas tomber dans un "dolorisme" qui ne serait qu'un vice comme un autre, il faut encore lui dénier tout sens et toute utilité, sans compter qu'elle fait perdre la foi à beaucoup, et empêche les autres de croire. »

Cependant, le Christ a souffert, et il nous a dit qu'il devait en passer par là « pour entrer dans sa gloire », étant entendu qu'en Dieu la gloire n'est pas autre chose que le rayonnement visible de l'amour.

La souffrance est la question des questions. Elle se pose avec le premier cri de l'enfant qui vient au monde, et elle ne cesse de nous poursuivre jusqu'à la fin, devant celui que le souffle puissant de l'agonie détache du rivage des vivants. Nier la valeur de la souffrance n'est en rien venir en aide aux malades, c'est au contraire leur arracher quelque chose de plus, c'est une indignité. Ils sont autour d'eux créateurs de charité, ils sont semblables à Dieu en cela, et en cela qui pourrait se dire leur égal ? Ils ont le pouvoir de nous rendre meilleurs, ne serait-ce qu'un instant. Ne leur rendrons-nous pas grâce de ce bienfait ? « J'étais malade, et vous m'avez visité » nous dit le Christ. Et non pas : « Vous étiez malade, et ceux qui sont venus vous voir ont toute ma sympathie. » *Il est* le malade, le lépreux, le prisonnier, l'infirme, et cela signifie que dans le pauvre être que nous sommes tout déficit est une forme de la présence de Dieu : qui ne comprend cela ne comprendra jamais rien au christianisme.

Il arrive en effet, comme on le signale dans les objections qui précèdent cette réponse, que sous le coup d'un malheur soudain, ou à l'annonce d'une maladie irrémissible frappant un proche, certains disent qu'ils ont « perdu la foi ». Mais ils ne la perdent souvent que pour nous la rendre, par leur courage, leur opiniâtreté, leur patience, qui soulèvent notre admiration et témoignent que l'être humain est plus grand que sa condition et qu'il existe une beauté de l'âme dont quelque chose en nous murmure qu'elle est incorruptible.

Dans ces conditions, parler du « non-sens » ou de l'« inutilité » de la souffrance relève de la muflerie spirituelle. On a bien entendu raison d'avancer qu'une souffrance voulue et recherchée ne serait qu'un plaisir de plus, qui pourrait aisément tourner à l'abjection ; seule entre en ligne de compte la souffrance imposée, celle que le Christ au jardin des Oliviers a demandé un instant qu'elle lui fût épargnée, avant d'en accepter l'amertume.

Cette indésirable n'attend pas qu'on l'appelle, et elle n'épargne personne. Elle vient quand on ne l'attend pas, elle se glisse jusque dans le bonheur, dont elle nous fait sentir la précarité. Parfois, nous la produisons nous-mêmes par notre réticence à donner — car si Dieu est effusion, nous serions plutôt rétention — et cette avarice dont nous n'avons pas toujours conscience forme en nous de ces douloureuses concrétions de refus qui sont l'équivalent psychologique de ce que la médecine appelle des « calculs ». Ce don de soi qui est joie dans l'infini de Dieu, nos limites en font une souffrance. J'écarte les maux que les hommes s'infligent les uns aux autres par leur égoïsme, leurs ambitions, leur voracité, leur fanatisme, le déploiement de cette haine rapace qui couvre encore de son ombre le calvaire d'Auschwitz, et toutes les abominations dont nous nous rendons coupables dans l'exercice abusif de notre liberté. De toutes ces horreurs et dévastations nous portons seuls la responsabilité. Notre siècle a accompli des prodiges, certes, mais il ne s'est pas moins distingué dans le massacre et le mensonge, et il est tout à fait insupportable de le voir, encore tout poisseux de ses crimes, tourner vers le croyant la face livide de Caïn pour lui demander : « Où est ton Dieu ? », alors qu'il vient de le tuer dans le juste et dans l'innocent.

Je laisse le siècle à ses œuvres, et j'en viens à cette souffrance imposée qui tient, non pas à nos diverses perversions morales, mais à notre condition humaine, à tout instant exposée à la séparation et à la mort. Qui nous accusera d'être fragiles, éphémères, sujets à la déchéance et à l'inéluctable ? Jusqu'ici, pareil à l'enfant au miroir qui fait ricocher un rayon de soleil pour enflammer une allumette, je me suis efforcé de placer toutes les réponses de ce livre dans l'alignement de cette lumière qui m'a appris à l'improviste, un jour de juillet, que Dieu était douceur miséricordieuse et invincible, charité pure, que toutes les autres vérités n'étaient que des reflets de cette vérité-là ; et c'est sur cet irrationnel que l'on appelle l'amour que j'ai tenté de fonder la logique de mon discours.

Mais maintenant qu'il me faut parler de la souffrance de l'innocent, il ne s'agit pas d'imiter le petit enfant qui essaie d'attraper le rayon qui passe par la fenêtre, il s'agit d'entrer dans le soleil.

J'ai connu, je crois avoir connu dans la baraque aux juifs du Fort Montluc, au temps des Barbie et des pourvoyeurs de fosses communes, toutes les sortes de douleurs que la persécution et la barbarie peuvent extraire du corps humain et de l'âme sans défense, qui n'est plus qu'une vibration inaudible, un souffle apeuré, une haleine de requiem. J'ai vu ceux qui n'étaient que plaies, déchirés par les coups de la nuque aux talons, et qui se mouvaient avec des précautions infinies, comme dans un invisible magasin de porcelaines ; ceux que l'on avait asphyxiés dans l'eau froide, et qui n'en finissaient plus de grelotter sous leur couverture avec, dans les yeux, le sillage d'une fuite éperdue et impossible ; ceux qui revenaient en hésitant à la vie, comme s'ils craignaient que la haine, les trouvant sur pied, ne vînt les prendre au collet pour les ramener au supplice ; ceux qui tremblaient jour et nuit pour les leurs, libres, mais pour combien d'heures, ou enfermés, mais dans quel casier à prisonniers ; ceux qui allaient vers la gueule des fusils d'un pas d'automate, le regard au-delà du réel ; ceux que les tortionnaires éméchés par le sentiment de leur toute-puissance martyrisaient moralement, s'évertuant à les humilier, à traquer en eux tout ce qui pouvait espérer encore, de manière à leur faire ressentir lentement, minutieusement, les progrès d'un inexorable processus d'élimination.

Longtemps après, les serres du rêve m'enlevaient presque toutes les nuits pour me reconduire dans cette enceinte de toutes les désolations, où je croyais avoir vécu tout ce que des nerfs humains peuvent supporter sans se rompre.

Je ne savais pas encore qu'il existait une douleur qui résume toutes les douleurs, et vous n'imaginez pas avec quelle craintive ardeur je souhaite qu'elle vous soit toujours épargnée. Même encore aujourd'hui, je n'ai pas la force de vous décrire ces moments funèbres, où dans l'ordre renversé des choses le ciel n'est plus qu'indifférence, la terre promesse de corruption, et où vous avez vu pour la dernière fois le visage de votre enfant à travers la lucarne d'une caisse de bois. Il n'y a pas de malheur plus grand. Le temps l'atténue, mais ne l'éloigne jamais beaucoup, et pour qu'il revienne vous envahir, il suffit d'un objet, et l'odeur d'une plante, d'un nom, que l'on ne prononce plus soi-même, du cri d'un oiseau, d'un certain silence, d'un rien. Et puis un jour, qui sera un autre jour de révélation, au détour d'une rue, le coup de lance du souvenir reviendra vous atteindre pour la millième fois ; mais vous songerez soudain que rien ne serait pire que l'oubli, que cette souffrance qui a jadis violemment brisé vos limites est la preuve que vous avez aimé, que cette preuve est la justification de votre existence, votre bien le plus précieux, le seul que vous emporterez quand le reste retournera à la poussière. Vous ressentirez la connivence profonde de la souffrance et de l'amour dans votre nature périssable.

Voyant comment, avec une puissance presque infinie, la souffrance vous aura en même temps lié indissolublement aux vôtres, ouvert à la pitié et rendu attentif à la plus anecdotique des larmes d'enfant, comment elle vous aura fait plus sensible à la peine et à la solitude des autres, de tous les autres, comment enfin dès ce monde elle se change en charité, vous penserez à la passion du Christ, qui est au cœur de votre foi. Et vous comprendrez, que dis-je, vous saurez, vous verrez avec émerveillement que si la justice et la miséricorde pouvaient fort bien éviter le chemin de la croix pour sauver les hommes, il n'y en avait pas d'autre pour l'amour incarné.

Table

Achevé d'imprimer le 19 mars 1990
Normandie Impression s.a. à Alençon (Orne) - Dépôt légal : mars 1990